रेड कार्ड

तीन दशक का अनकहा दर्द

रंजू ऐरी डडवाल

BlueRose
Publishers
NewDelhi • London

First Published in November 2021

ISBN: 978-93-5472-358-2

BLUEROSE PUBLISHERS

www.bluerosepublishers.com

info@bluerosepublishers.com

+91 8882 898 898

Cover Design:

Geetika

Typographic Design:

Namrata Saini

Distributed by: BlueRose, Amazon, Flipkart, Shopclues

विनम्र श्रद्धांजलि

यह पुस्तक समर्पित है मेरे माता-पिता (श्री देस राज शर्मा (आईआरएस) व श्रीमती निर्मलकांता शर्मा) को। किसी प्रियजन के जीवन का सम्मान करना, जिसे हमने खो दिया है, वह उनकी मृत्यु की पीड़ा को कम करना हो सकता है। उनका आशीर्वाद उनके बाद भी बना रहता है, जो जीवन की सबसे बड़ी प्रेरणा है।

रेड-कार्ड

(यह किसी फुटबॉल के मैदान में खिलाड़ी को दिखा कर मैदान से बाहर करने वाला रेड-कार्ड नहीं है। यह वह रेड-कार्ड है, जिसे पंजाब में आतंकवाद से प्रभावित परिवारों को दिया जाना था ताकि कुछ सुविधायें व आरक्षण देकर उनका दर्द कम किया जा सके। आतंकवाद का दंश झेल रहे पंजाब के हज़ारों ऐसे हिन्दू परिवार हैं, जो तीन दशकों से जीवन के टुकड़े समेट रहे हैं पर रेड-कार्ड से वंचित किए गए। इन हिन्दुओं का दर्द तो बहुत गहरा है पर बिखरी व उजड़ी ज़िन्दगी को समेटते-समेटते वह न तो अपना हाल बयान कर पाये और न ही किसी से साझा किया।)

लेखक

रंजू ऐरी डडवाल

अनुक्रम

प्रस्तावना

मेरा पुस्तक लिखने का तात्पर्य किसी समुदाय, धर्म व व्यक्ति को ठेस पहुँचाना या उनके दु:ख को कम आंकना नहीं है। मेरा उद्देश्य केवल पंजाब के उन हिन्दू परिवारों का दु:ख साझा करना है, जो आतंकवाद से पीड़ित हैं लेकिन आज तक उन्हें इंसाफ़ नहीं मिला। उनका कसूर शायद इतना ही है कि वह न्याय के लिए पिनाकी (शिव का धनुर्धारी रूप) नहीं बन पाये। यहाँ तक कि मानवाधिकार आयोग ने भी यह कह कर मामला दर्ज नहीं किया कि यह उनके अधिकार क्षेत्र में नहीं आता। इनके ज़ख़्म भरने में कितनी सदियां लगेंगी, इसका अंदाज़ा इसी से लगाया जा सकता है कि भारत-पाक बंटवारे के बाद जो हिन्दू परिवार पाकिस्तान में रह गए उनकी क्या हालत है। मुझे याद है जब लाहौर के बाज़ार में छोटी-सी दुकान में अपने हथकरघा का सामान बेच रहे सिंध से आये व्यापारियों, जिनमें अधिकांश हिन्दू थे, ने अपना दर्द हमसे साझा करने की कोशिश की तो हमारे साथ काले कपड़ों में चल रहे पाकिस्तान पुलिस के सुरक्षाकर्मियों ने न केवल हमें दुकान से बाहर जाने का इशारा किया अपितु आंखों से उन्हें भी धमका दिया। इतना ही नहीं, पाकिस्तान के एक चैनल में काम कर रहे एक सिख नौजवान ने भी कई मौकों पर जब हिन्दुओं व सिखों का दर्द साझा किया, उसे सुनकर भी हम यह सोचने पर विवश हो गए कि भारत की विभिन्न सरकारों को उनका दर्द क्यों नहीं दिखा। मुझे बताया गया कि भारत सरकार की उपेक्षा के कारण हिन्दू व सिख लोग पलायन कर श्रीलंका जा रहे हैं। पहले अफगानिस्तान को भी सुरक्षित स्थान माना गया था पर अब वह सुरक्षित नहीं रहा।

यह तो विदेश में है, अपने ही हिन्दुस्तान में हिन्दू लोग जब पंजाब जैसे प्रांत से पलायन करने को विवश हों, जहाँ हिन्दू-सिख भाईचारे की मिसालें दी जाती हैं तो देश के अन्य राज्यों, जहाँ हिन्दू अल्पसंख्यक हैं, वहाँ उनकी क्या हालत है, इस पर

अब विचार करना होगा। हिन्दुओं की विडम्बना यह भी है कि जिन प्रांतों में वह अल्पसंख्यक हैं, वहां भी उन्हें इसका दर्जा नहीं दिया गया। उदाहरण के तौर पर पंजाब, कश्मीर, मिजोरम आदि। उम्मीद है कि मेरे इस प्रयास को किसी जाति विशेष के विरुद्ध अथवा पक्ष में न समझ कर केवल उन लोगों को इंसाफ दिलाने का एक प्रयास माना जाये, जिन्हें आज तक उनके दर्द की आवाज़ उठाने वाला भी नहीं मिला। आशा है मेरे इस प्रयास के बाद जाति विशेष के मानवाधिकारों का हल्ला मचाने वाले इनका दर्द भी अवश्य समझेंगे।

पंजाब में एक दशक से भी अधिक समय तक हिन्दुओं पर हुए अत्याचार का इतिहास आज तक दस्तावेज़ (डाक्यूमेंटिड) में भी नहीं हैं। जब गोलियां चलती थीं तो पुलिस स्टेशनों के दरवाज़े भी लोगों को बंद मिलते थे। वर्ष 1990 के अबोहर के नरसंहार के बारे में मथुरा दास हितेषी की पुस्तक 'इतिहास के झरोखों से अबोहर' में जो विवरण मिलता है, वह दिल दहला देने वाला है। पंजाब से पलायन करने के बाद अन्य राज्यों में भीख मांग कर गुज़ारा करने वाले पंजाब के संभ्रांत हिन्दू के आंसू आज भी अपनी दास्तां सुनाते हुए छलक जाते हैं, पर इन्हें आज तक किसी ने पोंछा नहीं। हरियाणा की सीमाओं पर व दिल्ली में पंजाब से पलायन कर आने वाले हिन्दुओं के लिए बने रिफ्यूजी कैम्पों में अधिकांश हिन्दुओं का पंजीकरण ही नहीं हुआ, अतः राज्य से पलायन करने वाले हिन्दुओं की सही संख्या भी कोई नहीं जानता। पंजाब से हिन्दुओं के पलायन का वर्ष 1984 में तब पता चला जब हरियाणा में अमृतसर जिले के फतेहाबाद गांव से 14 पंजाबी हिंदू परिवार करनाल में एक सराय में सामान सहित पहुंचे। इसलिए किसी दस्तावेज़ में भी वह नहीं हैं। खामोशी में वह चीखते तो रहें व इनकी वेदना का स्रोत भी सबको पता था पर दर्द आतंकवाद से उपजी राजनीतिक अवसरवादिता में दब कर रह गया।

सरकारी आंकड़े गवाह हैं कि वर्ष 1981 में पंजाब में हिन्दुओं की संख्या करीब 36.94 प्रतिशत थी व वर्ष 1991 के आंकड़ों में यह संख्या घट कर 36.43 प्रतिशत रह गई। अर्थात् करीब-करीब 3 प्रतिशत लोग या तो मारे गए या पलायन कर गए। कुछ की प्राकृतिक मौत भी हुई हो, तो भी यह आंकड़ा चौंकाने वाला अवश्य है। वर्ष 2011 की जनगणना में भी पंजाब में हिंदुओं की संख्या 38.40 प्रतिशत है।

कहते हैं इस दुनिया में सबसे सुखी वही है, जिसका दर्द कोई नहीं जानता। आतंकवाद से पीड़ित पंजाब के हिन्दू की भी यही स्थिति है। आतंकवाद की गोलियों का शिकार बने हिन्दू, विशेषकर सरकारी कर्मचारियों के परिवारों को तो आज तक रेड-कार्ड भी नहीं मिला, जिसके आधार पर उनके परिवारों या बच्चों को कुछ

आरक्षण या अन्य सुविधायें मिल पातीं। पंजाब सरकार द्वारा आतंकवाद से प्रभावित परिवारों को सुविधायें दिए जाने के नाम पर जब अतिविशिष्ट व्यक्तियों के पुत्रों व पौत्रों के नाम आये तो सरकार ने अपनी साख बचाने के लिए आतंकवाद से प्रभावित अन्य हज़ारों लोगों को पत्र लिखकर अब सूचनायें एकत्र करने का ड्रामा शुरू किया है। अगले वर्ष होने वाले विधानसभा चुनावों तक यह ड्रामा चलेगा और फिर सब फाइलों में गुम हो जायेगा।

पंजाब में आतंकवाद से प्रभावित कुछ हिन्दू परिवारों की सम्भ्रांता तो सबको दिखाई देती है पर उसके पीछे के ज़ख्म तो कभी किसी को दिखे ही नहीं। इस सफर में आपसे हज़ारों में से कुछ-एक से मुलाकात कराने का प्रयास करूंगी, शायद उसके बाद उनका दर्द लोग समझ पायें। उनके अपनों पर गोलियां चले तो लम्बा समय बीत गया पर ज़ख्म अभी नहीं भरे। आतंकवाद से पीड़ित परिवारों के ऐसे कुछ लोगों के आंसू आपको इनके दर्द का अहसास करा पायें, ऐसी मेरी कामना है।

अध्याय 1

विस्थापित हिन्दुओं का दर्द

वर्ष 1947 में भारत-पाक विभाजन का दर्द जिन लोगों ने सहा था, उनके ज़ख़्म अभी भी हरे हैं। उनके वंशज आज भी उनकी कहानियां सुनाते नहीं थकते। सवाल तो यह है कि क्या उस बंटवारे का दर्द अब कम हो गया है या उसी तरह के कृत्य अभी भी आज़ाद हिन्दुस्तान में दोहराये जा रहे हैं? हिन्दुस्तान की विडम्बना है कि बेघर होने का दर्द भी अब जाति विशेष हो गया है। किसी हिन्दू का घर उजड़ता है तो लगता है कि उसका दर्द तो उसे भी महसूस नहीं होता। बंटवारे से लेकर आज तक बंगाल, पंजाब और केरल आदि में हिन्दू भयभीत होकर पलायन करने को विवश होता है पर दर्द नहीं होता। महात्मा गांधी की हत्या के बाद महाराष्ट्र व कोंकण क्षेत्र व देश के कुछ अन्य राज्यों में ब्राह्मण जाति के लोगों का नरसंहार हुआ। महाराष्ट्र में ब्राह्मण लोग अल्पसंख्यक थे अतः इस पर इतिहास खामोश है पर उस समय के कुछ समाचारपत्रों में इसका ज़िक्र अवश्य मिल जाता है।

पंजाब की धरती पर वैदिक ऋषियों ने ऋग्वेद की रचना की, इसी धरती पर भगवान वाल्मीकि जी ने रामायण लिखी, भगवान कृष्ण ने गीता का सन्देश दिया, महर्षि पाणिनि ने संस्कृत भाषा का विकास किया। वैदिक सभ्यता और हिन्दू धर्म के विकास का केंद्र रहे पंजाब में आज हिन्दू सुरक्षित नहीं हैं। हिन्दुओं के त्यौहारों पर उन्हें आहत किया गया। हिन्दुओं को रावण जलाने की अनुमति पर युवा कांग्रेस व

वामपंथी संगठनों को देश के प्रधानमंत्री को रावण बनाकर जलाने की खुली छूट दी गयी। भगवान राम का पुतला जलाने की वीडियो सोशल मीडिया पर वायरल की गयी। हिन्दू समाज के रोष को कुछ लोगों के पकड़कर छोड़ देने से शांत करने का प्रयास भी किया गया।

पंजाब में एक दशक से भी अधिक समय तक चले आतंकवाद के समय भी हिन्दुओं का पलायन हुआ। आतंकवाद के समय हिन्दुओं के बच्चों को किस तरह घरों में, बसों से उतारकर, सड़कों पर और संस्थाओं में निशाना बनाया गया, उसका दर्द भी पीछे छूट गए परिवार के सदस्य आज तक भोग रहे हैं लेकिन इंसाफ के लिए कोई द्वार नहीं खुला। पंजाब में लड़ाई तो सरकार से थी पर आतंकवादियों के भाषणों में हिन्दुओं को मार दिए जाने की ही धमकियां सुनाई देती थी। अमृतसर में स्वर्ण मंदिर के आसपास रहने वाले लोगों को आज भी याद है कि वह किस तरह उस समय अपने घरों की छतों से छिप-छिप कर सारी गतिविधियां देखते थे व उनके भाषण सुनकर रात को अपने घरों की लाइटें भी नहीं जलाते थे।

भारत की संसद में बुलंद आवाज़ में पंजाब के नेता वर्ष 1984 के दंगों में मारे गए सिखों का दर्द तो बयान करते रहे पर सत्तालोलुप हिन्दूवादी संगठन खामोश रहे। हिन्दुओं का नरसंहार करने वाले, उन्हें बेघर करने वाले, उन्हें पंजाब से पलायन को मजबूर कर उनकी सम्पत्तियों पर कब्ज़ा जमाने वालों की तस्वीरें जब पंजाब के धार्मिक स्थलों की शोभा बनी तब भी हिन्दूवादी संगठन मूकदर्शक बने रहे। सोशल मीडिया पर आज भी खालिस्तान की सोच के ध्वजवाहक भिंडरांवाले के भाषणों को सुना जा सकता है। ऐसी ही एक वीडियो में वह कह रहा है, 'हिन्दी शब्द अरबी से आया है, जिसका अर्थ है चोर'।

पंजाब में अमृतसर के हरमन्दिर साहिब से खालिस्तान की मांग कर पंजाब को भारत से अलग करने के लिए चलाये गए हिंसक आंदोलन ने हिन्दू-सिखों में जो आपसी विश्वास का रिश्ता था, उसे तार-तार कर दिया। वह तार इस कदर उलझे कि फिर आज तक नहीं सुलझे। आतंकवाद के दशक में बब्बर खालसा और दल खालसा सहित कुछ अलगाववादी संगठनों ने पंजाब में जो मारकाट का दौर चलाया, उसके खिलाफ कार्रवाई करने के लिए सेना को हरमंदिर साहिब (स्वर्ण मंदिर) में दाखिल होना पड़ा।

वर्ष 1970 के दशक में शिरोमणि गुरुद्वारा प्रबंधक कमेटी का राजनीतिक संगठन अकाली दल सिखों के लिए भारत सरकार से कुछ विशेष रियायतें चाहता था। इसके

लिए वर्ष 1973 में आनंदपुर साहिब प्रस्ताव पारित किया गया। वर्तमान अकालियों ने भारत में सबसे पुराना क्षेत्रीय राजनीतिक दल होने का दावा करते हुए, 1995 के मोगा सम्मेलन में अपने घटकों को 'सिख' से 'पंजाबी' में बदल दिया व तब से आनंदपुर साहिब प्रस्ताव अकाली मांगों का हिस्सा नहीं है। यह भी पंजाब में अकालियों से नाराज़ चल रहे हिन्दुओं के एक बड़े वर्ग को मनाने के लिए किया गया। इसके बाद पंजाब में अकाली राजनीति में हिन्दुओं की भागीदारी बढ़ाने के निरन्तर प्रयास भी हुए। वर्ष 2017 में वह दो सबसे बड़े सिख संस्थानों, शिरोमणि गुरुद्वारा प्रबंधक कमेटी (एसजीपीसी) और दिल्ली सिख गुरुद्वारा प्रबंधन कमेटी (डीएसजीएमसी) को नियंत्रित भी करते हैं। हिन्दुओं का समर्थन पाने के हर सम्भव प्रयास करने के बावजूद अकाली दल ने आतंकवाद के दौरान तोड़े गए हिन्दू मंदिरों के लिए आवाज़ नहीं उठाई।

देखा जाये तो पंजाब में तनाव 13 अप्रैल,1978 को और अधिक गहरा हो गया जब अमृतसर में निरंकारी पंथ का एक सम्मेलन हो रहा था, जिस दौरान अकाली कार्यकर्ताओं और निरंकारियों के बीच झड़पें हुई थीं, जिसमें 13 अकाली कार्यकर्ता मारे गए थे। इसके बाद रोष दिवस के दौरान सिखों के विरोध प्रदर्शन में धर्म प्रचार संस्था के प्रमुख जरनैल सिंह भिंडरांवाले ने बढ़-चढ़कर हिस्सा लिया था। 80 के दशक में इस हिंसक आंदोलन के निशाने पर सबसे अधिक हिन्दू परिवार रहे। जरनैल सिंह की इस राजनीतिक महत्वाकांक्षा को कुचलने के लिए केन्द्र की तत्कालीन कांग्रेस सरकार को सेना तक का सहारा लेना पड़ा। इस आंदोलन को भड़काने का काम पाकिस्तान ने भी किया। पंजाब में अब खालिस्तान आंदोलन को पुनर्जीवित करना आसान काम नहीं होगा लेकिन पाकिस्तान ही नहीं, इंग्लैंड, कनाडा, अमेरिका आदि देशों से उसे आज भी हवा दी जा रही है। इन दिनों चले किसान आंदोलन को जिस तरह विदेशों में बैठे कुछ आतंकवादी संगठनों व उनके समर्थकों ने समर्थन दिया, उससे यह स्पष्ट भी हो गया है।

राजनीतिक पंडित तो यह भी कहते हैं कि अगर पूर्व प्रधानमंत्री मोरारजी देसाई पाकिस्तान में उसकी सरकार के विरुद्ध सिंध के लोगों द्वारा चलाये गए संघर्ष को समर्थन देना बंद न करते तो खालिस्तान आंदोलन भी खड़ा न होता। कश्मीरी अलगाववादियों को तो मजहब के नाम पर बरगलाना आसान था, लेकिन पंजाब के सिख अलगाववादियों को उसने खालिस्तान का सपना दिखाया। सीमा पार से दिखाये गए सब्ज़बागों का ही परिणाम था कि भटके हुए सिख युवकों ने पंजाब में हिन्दुओं को निशाना बनाया। पंजाब के हिन्दुओं को मलाल है कि उन पर जो जुल्म

हो रहे थे, उसे अनदेखा कर हिन्दूवादी संगठन हिन्दू-सिख एकता की दुहाई देते रहे। कांग्रेस अकाली दल को कमज़ोर करने के लिए खालिस्तान आंदोलन का समर्थन करती रही। पहले इंदिरा गांधी-संजय गांधी-ज्ञानी जैल सिंह पंजाब में अकालियों का प्रभाव खत्म करने के लिए जरनैल सिंह भिंडरांवाले का समर्थन करते रहे फिर पूर्व पुलिस अधिकारी सिमरनजीत सिंह मान ने इस आग में घी डालने का काम किया। कांग्रेस के तत्कालीन महामंत्री राजीव गांधी ने भिंडरांवाले को सन्त की उपाधि दी थी और उसका दिल्ली में आदर-सत्कार भी किया। यह 1982-83 का समय था, जब पंजाब में दरबारा सिंह की सरकार थी। 'ऑपरेशन ब्लूस्टार' के नाम से हुई कार्रवाई में भिंडरांवाले और उसके सभी साथी भी मारे गए। पंजाब में रहने वाले हिन्दुओं के लिए खतरा बढ़ गया। उस कालखंड में पंजाब से पलायन किए लोग आज भी बताते हैं कि किस प्रकार रातोंरात उनके घरों के बाहर नए मालिकों का नाम छाप कर उनको तुरन्त वहां से चले जाने के लिए लिख दिया जाता था। वह समय था जब हिन्दुओं का नरसंहार व पंजाब पलायन भी शुरू हो गया।

इसके बाद प्रधानमंत्री इंदिरा गांधी की हत्या हुई व दिल्ली में सिखों का जो नरसंहार हुआ, उस पर विरोध के स्वर देश-विदेश में सुने गए। लेकिन हिन्दुओं के जवान लड़कों को घरों से निकाल-निकाल कर मारा जा रहा था, बहू-बेटियां भी सुरक्षित नहीं थीं, उनके लिए कोई आवाज़ नहीं उठी। हिन्दू परिवारों का पंजाब से पलायन करने का सबसे बड़ा कारण था कि उन्हें कोई भी सुरक्षा नहीं दे रहा था। जो हालत कश्मीर में हिन्दुओं की हुई, कमोबेश वही परिस्थितियां पंजाब में हिन्दुओं के सामने थीं। कश्मीरी हिन्दुओं का पलायन तो अंतर्राष्ट्रीय मामला बना, लेकिन पंजाब के हिन्दुओं का दर्द किसी ने महसूस नहीं किया।

इसी एकांगी सोच के तहत पंजाब में हिन्दुओं को निशाना बनाया गया। घरों में घुसकर और बसों से उतार-उतारकर हिन्दुओं को मारा गया। उस समय अकाली दल का एक धड़ा हिन्दू विरोधी इस मुहिम का विरोध तो कर रहा था पर खुल कर सामने नहीं आ पाया। अकाली दल के कई अन्य धड़ों ने खालिस्तानी आतंकवादियों का समर्थन किया। उस समय की राजनीतिक टिप्पणियों में लिखा गया कि इस मामले में कांग्रेस ने प्रारम्भ में अकाली दल को किनारे लगाने के लिए खालिस्तानी आतंकवादियों की पीठ थपथपायी थी। भिंडरांवाले ने कांग्रेसी सिख नेताओं की कथित शह पर स्वर्ण मन्दिर परिसर में स्थित अकाल तख्त पर कब्जा कर लिया था। यह 1982-83 का समय था। एक दशक के संघर्ष के बाद मुख्यमंत्री बेअंत सिंह के कार्यकाल में तत्कालीन पुलिस प्रमुख केपीएस गिल के नेतृत्व में आतंकवादी

संगठनों के विरुद्ध हुई कारवाई के बाद हिन्दू पंजाब में कुछ सुरक्षित महसूस करने लगा था लेकिन पिछले कुछ वर्षों से अकाल तख्त के बयानों, अकाली-भाजपा गठबंधन टूटने से उत्पन्न परिस्थितियों से हिन्दू फिर भयभीत महसूस कर रहा है।

वर्ष 2019 में अकाल तख्त के जत्थेदार ज्ञानी हरप्रीत सिंह ने राष्ट्रीय स्वयं सेवक संघ (आरएसएस) पर प्रतिबंध की मांग की व इसके ठीक एक वर्ष बाद पंजाब में करीब 24 वर्ष पुराना अकाली दल-भाजपा का गठबंधन टूट गया। अकाली दल के साथ भाजपा का गठबंधन 1997 में हुआ था और 1999 के लोकसभा और 2002 के विधानसभा चुनावों में गठबंधन के ख़राब प्रदर्शन के बावजूद समझौता जारी रहा व पंजाब में सत्ता में भी आये। इस बार केन्द्र सरकार के कृषि कानूनों की आड़ में अकाली दल ने यह गठबंधन तोड़ा।

तख्त प्रमुख ने कहा था कि आरएसएस जिस तरह से काम कर रहा है, इससे तो यह साफ है कि वह देश को बांट देगा। उन्होंने कहा कि आरएसएस के नेता जो बयान देते हैं, वह देश के हित में नहीं हैं। मीडिया रिपोर्ट के अनुसार जब उन्हें बताया गया कि पंजाब में सत्तारूढ़ अकाली दल–भाजपा का गठबंधन आरएसएस को मान्यता देते हैं तो उन्होंने कहा कि 'अगर ऐसा है तो यह देश के लिए ठीक नहीं है। यह देश को नुकसान पहुंचाएगा और उसे बर्बाद कर देगा।' यहां से पंजाब में अकाली दल-भाजपा गठबंधन की दरारें खुलकर सामने आ गईं। इससे पूर्व शिरोमणि गुरुद्वारा प्रबंधक समिति (एसजीपीसी) प्रमुख गोविंद सिंह लोंगोवाल ने आरएसएस प्रमुख का दशहरे के अवसर पर दिए गए 'हिंदू राष्ट्र' वाले बयान की निंदा की थी। वर्ष 2017 में भी अकाल तख्त से हिन्दूवादी संगठनों के कार्यक्रमों में शामिल न होने का बयान आया था। वर्ष 2017 के बाद पंजाब में हिन्दूवादी नेताओं की हत्यायें भी शुरू हो गईं।

हाल ही में सिख फार जस्टिस (एसएफजे) की गतिविधियों ने पंजाब में हिन्दुओं को फिर भयभीत कर दिया है। गत 26 जनवरी को लालकिले की घटना के बाद कृषि कानूनों पर सुनवाई के दौरान वकील पी.एस. नरसिम्हा ने अदालत में तर्क दिया कि सिख फॉर जस्टिस (एसएफजे) किसानों के आंदोलन को फंड दे रहा है और आंदोलन में इस संगठन की मौजूदगी बेहद खतरनाक है। अटॉर्नी जनरल केके वेणुगोपाल ने भी कोर्ट में यह दावा किया कि आंदोलन में खालिस्तानी समर्थक घुस आए हैं और वह इंटेलिजेंस ब्यूरो से मिली सूचनाओं के आधार पर यह बात शपथपत्र पर देने को तैयार हैं। हाल ही में सुरक्षा एजंसियों ने पुनः सरकार को सिख फॉर जस्टिस की गतिविधियों को लेकर चेताया है।

वर्ष 2012 में, 6 जून – जिसे आपरेशन ब्लू स्टार की याद में घल्लू घारा के रुप में मनाया जाता है, स्वर्ण मंदिर के भीतर जरनैल सिंह भिंडरांवाले और उनके सहयोगियों की स्मृति में प्रस्तावित स्मारक का नींव का पत्थर रखा गया। केंद्र की तत्कालीन कांग्रेस सरकार ने इस घटना को गम्भीरता से नहीं लिया अपितु कुछ हिन्दू संगठनो द्वारा शिकायत मिलने पर तब के केन्द्रीय गृह मंत्री ने स्पष्ट कर दिया कि यह उनका अपना मामला है व सरकार इसमें हस्तक्षेप नहीं करेगी। सम्भवतः हिन्दुओं के भय से अधिक कांग्रेस इस बात से डरी थी कि कहीं उस पर फिर आपरेशन ब्लू स्टार कराने के आरोप न लगें व वह पंजाब में अपना अस्तित्व न खो बैठें। भारतीय जनता पार्टी की लक्ष्मीकांता चावला ने बयान दिया था कि भिंडरांवाले के लिए स्मारक बनाना खालिस्तान आंदोलन को फिर से बल देने के षड्यंत्र का एक हिस्सा है। उन्होंने प्रश्न उठाया कि एक व्यक्ति, जो सैकड़ों निर्दोष हिन्दुओं की हत्या का जिम्मेदार था, उसे शहीद की उपाधि कैसे दी जा सकती है। पंजाब के अकाली दल के अध्यक्ष व तब के उपमुख्यमंत्री सुखबीर सिंह बादल ने भी यह कह दिया कि स्वर्ण मंदिर में केवल गुरुद्वारा बन रहा है न कि किसी का स्मारक।

इस वर्ष ऑपरेशन ब्लूस्टार की 37वीं बरसी पर जरनैल सिंह भिंडरांवाले का गुणगान करने वालों में पूर्व क्रिकेट खिलाड़ी हरभजन सिंह का नाम भी जुड़ गया। अब यह समझ पाना तो आसान नहीं कि यह बयान उन्होंने किसी राजनीतिक महत्वाकांक्षा के चलते दिया या नासमझी में। 6 जून, 2021 को अमृतसर के स्वर्ण मंदिर में भिंडरांवाले के पोस्टर और खालिस्तानी झंडे दिखने का जत्थेदार ज्ञानी हरप्रीत सिंह ने यह कह कर समर्थन किया कि 'खालिस्तान जिंदाबाद 'के नारे लगा सिख अपना दर्द कम करते हैं। हरभजन सिंह ने इंस्टाग्राम पर भिंडरांवाले को एक शहीद बताया व उसकी तस्वीर साझा कर, 'प्रणाम शहीदा नू 'लिखा। उनकी इस हरकत के बाद सोशल मीडिया पर लोग उनसे सवाल करने लगे कि जिस भिंडरांवाले ने तमाम हिंदुओं को मारा, वह उनके लिए शहीद कैसे हो गया। ज्ञात रहे गत वर्ष ऑपरेशन ब्लूस्टार की बरसी पर प्रसिद्ध पंजाबी गायक जसविन्दर सिंह (जैसी बी) ने भी अपना एलबम 'पुत्त सरदारां दे 'में एक गाने के माध्यम से भिंडरांवाले का महिमामंडन किया था। इस वर्ष 26 जनवरी को लालकिले पर देश विरोधी झंडा लहराने वाला भी पंजाबी कलाकार ही है। पंजाब के अधिकांश प्रसिद्ध कलाकार कनाडा या इंग्लैंड में बस जाते हैं, फिर वहीं की नागरिकता भी लेते हैं। ऐसा क्यों, यह एक बड़ा सवाल है।

पंजाब में आतंकवाद के दौर के समय प्रभावित 33 से 35 हजार पीड़ित परिवारों को 781 करोड़ रुपये मुआवजा दिलाने का वादा पंजाब के वर्तमान मुख्यमंत्री अमरिन्दर

सिंह ने अपने पहले कार्यकाल में किया था। शिवसेना हिंदुस्तान ने इसकी याद अब उन्हें दिलाई है। अमरिन्दर की सरकार जाने के बाद पंजाब में अकाली-भाजपा सरकार सत्ता में आई तो यह वादा फाइलों में दब कर रह गया। अब अमरिन्दर सरकार पंजाब में अपने अंतिम दौर में है लेकिन इस मुआवज़े की फाइल चार वर्ष से भी अधिक समय से खुल नहीं सकी।

इस संगठन ने आतंकवाद पीड़ित हिंदू परिवारों को मुआवजा दिलाने के लिए वर्ष 2003 में कड़ा संघर्ष किया था और वर्ष 2005 में आतंकवाद पीड़ित हिंदू परिवारों को 781 करोड़ रुपये का पैकेज जारी करने का प्रस्ताव पास किया था, लेकिन उसके बाद अकाली-भाजपा गठबंधन की सरकार आने पर हिंदू परिवार नजरअंदाज कर दिये गये।

1984 में दिल्ली में हुए सिख विरोधी दंगों में प्रभावित लोगों को मुआवजा देने का सिलसिला शुरू होते ही पंजाब के आतंकवाद पीड़ितों के ज़ख्म हरे हो गए हैं। उनका कहना है कि आतंकवाद में वह लोग तबाह हुए थे, मगर उनको वाजिब मुआवजा नहीं दिया गया। उनकी मांग थी कि दिल्ली दंगों की तर्ज पर सूबे के आतंकवाद प्रभावितों की भी मदद हो।

हिन्दुओं को न्याय दिलाने के लिए गठित अखिल भारतीय आतंकवाद पीड़ित एसोसिएशन ने दावा किया कि राज्य में एक दशक से भी अधिक समय तक चले आतंकवाद करीब 33,000 हजार हिंदू परिवार प्रभावित हुए थे। एसोसिएशन ने दावा किया था कि पंजाब में प्रभावित होने वालों में 60 फीसदी हिंदू थे व इस दौरान 2046 पुलिस मुलाजिम भी शहीद हुए थे। एसोसिएशन ने भी यही आरोप लगाये थे कि मारे गए आम नागरिकों के परिवारों को तीन किस्तों में एक लाख तथा पुलिस कर्मियों के परिवार वालों को एक किस्त में एक-एक लाख रुपए दिए गए। कुछ लोगों को ही नौकरी दी गई, बाकी के लोग अभी भी धक्के खा रहे हैं। इनमें से कुछ को पेंशन के नाम पर भी 'ऊँट के मुंह में जीरे' जैसी राशि दी जा रही है। पंजाब से पलायन करने वालों को मिलने वाला किराया भत्ता भी 1996 से बंद कर दिया गया था।

2005 में संसद में नानावती रिपोर्ट पेश होने के समय तत्कालीन प्रधानमंत्री ने दिल्ली दंगा पीड़ितों के लिए पैकेज घोषित किया था, मगर उसमें पंजाब के आतंकवाद पीड़ितों को शामिल नहीं किया गया। 2006 में पंजाब राज्य सरकार ने विधान सभा में बिल पास करके केंद्र सरकार को 781 करोड़ रुपए के पैकेज का प्रस्ताव भेजा,

मगर उस पर अमल नहीं हुआ। जब राज्य सरकार पर इस मुआवज़े के संबंध में पूछा जाने लगा तो उसने सारा मामला केंद्र के पास होने का बयान देकर पल्ला झाड़ लिया।

इस बार की अमरिन्दर सिंह के नेतृत्व वाली कांग्रेस सरकार न केवल मुआवज़ा देने के अपने वादे को भूल गई अपितु राज्य में गोधन की देखभाल के लिए बनाई गई गोशालाओं पर बिजली बिल लगाने से भी हिंदू समुदाय को निराश किया।

भारत में रह रहे हिन्दुओं की त्रासदी है कि अपने ही देश में वह एक राज्य से दूसरे राज्य में पलायन करते हैं पर इसे कोई बड़ी घटना नहीं माना जाता। कश्मीर से हिन्दुओं का पलायन हुआ, बंगाल से हिन्दुओं का पलायन शुरू हो गया, उत्तर-पश्चिमी राज्यों से हिन्दुओं का पलायन हुआ, पंजाब से हिन्दुओं का पलायन, केरल से हिन्दुओं का पलायन, लेकिन कभी भी कोई चुनावी मुद्दा या गम्भीर मुद्दा नहीं बना। देश में अवैध रूप से आ रहे रोहिंग्या जैसे समुदायों के लोगों का समर्थन करने वालों ने भी कभी इन हिन्दुओं के समर्थन में कुछ कहा नहीं। सरकारें शरणार्थी शिविर बनाकर व राजनीतिक दल मोर्चे लगाकर इनके ज़ख्मों पर मरहम लगाने का केवल प्रयास करते हैं और इसके बल पर इनकी वोटें बटोरते हैं।

आतंकवाद के दौर में पंजाब के हिंदुओं का पलायन किसी ने गम्भीरता से लिया ही नहीं इसलिए अनकहा रह गया। इन लोगों ने दिल्ली, हरियाण, हिमाचल आदि में सुरक्षा के लिए अपने घरों और संपत्तियों को पीछे छोड़ दिया। यह पलायन लोगों ने अपनी मर्जी से नहीं किया बल्कि भिंडरांवाले के नेतृत्व में सिख कट्टरपंथी खालिस्तानी आतंकवादी संगठनों द्वारा असह्य हिंदुओं को इसके लिए विवश किया गया। यह हिंदू अपने ही लोगों द्वारा अपने ही देश में शरणार्थी बना दिए गए।

दिल्ली के जहांगीरपुरी, पीरागढ़ी (पंजाबी पुनर्वास बस्ती) इलाकों सहित सात जगहों पर पहले टेन्टों में व अब झुग्गियों में रह रहे अनेक ऐसे परिवार हैं जो आज भी सरकार से उम्मीद लगाये हैं कि कश्मीरी हिन्दुओं की भांति उन्हें भी पंजाब वापस भेजने की व्यवस्था करने के प्रयास किए जायेंगे। इन लोगों का याद है कैसे उन्हें उनके गांव से भगाने के लिए पोस्टर लगाए जाते थे, जिसमें हिंदुओं को राज्य छोड़ने या परिणाम भुगतने की धमकी दी जाती थी।

आज भी पीरागढ़ी में लोग अपने हाल पर बोलना नहीं चाहते। दो दिनों तक फोटोग्राफर के साथ इस बस्ती में घूमने के बाद भी लोग अपना हाल तो बताते रहे पर लिखने के लिए नहीं। यह भय से अधिक किसी लाभ से वंचित होने का डर है।

यह लोग कहते हैं कि इनके साथ के कुछ लोगों को मकान आदि मिले व कुछ तो उन मकानों में चले गए पर जिन लोगों ने यहाँ अपने कारोबार आरम्भ कर लिए, वह दूर-दराज़ के इलाकों में नहीं गए अतः उन सहूलतों का लाभ नहीं उठा पाये। यहाँ लोगों ने बताया कि अनेक लोग शान्ति बहाली के बाद पंजाब भी लौट गए पर काफी लोगों को अपनी ज़मीन व घर तो वापिस नहीं मिले। पंजाब का मोह उन्हें खींच कर वापिस तो ले गया पर वहाँ किराये के घरों में रहकर ठेके पर ज़मीन लेकर जमे हैं।

जहांगीर पुरी में तो आज भी कुछ ऐसे लोग हैं जिन्हें वह मंज़र याद है जब उन्हें बांधकर उनके बेटों को उनकी ही बेटियों का बलात्कार करने को विवश किया गया। परिवार को बचाने के लिए उन्हें वह सब झेलना पड़ा। उनके पास तो अनेक ऐसे किस्से हैं, जिन्होंने इसके बाद आत्महत्याएं भी कीं। हालांकि, वह तीन दशकों के बाद अपने पैरों पर खड़े तो हो रहे हैं पर अपने घर लुटने का दर्द कभी गया नहीं। जहांगीरपुरी में तो अब पाकिस्तान से आये हिन्दू अधिक हैं पर पीरागढ़ी में बैठे पंजाबी हिन्दुओं ने तो ऐसी कहानियां सुनाईं, जहाँ एक माँ, जिसके जवान बेटे को आतंकवादियों ने मार डाला था, की घोड़ियां व सेहरा गाकर भीख मांगती थी। ऐसे अनेक किस्से इन लोगों को याद हैं पर किसी ने सुना ही नहीं। यह लोग बताते हैं कि अपने घरों की महिलाओं, जवान बेटों, सिख कट्टरपंथियों की लूट, जबरन वसूली, अंधाधुंध हत्याएं और निर्दोष नागरिकों पर लगातार बढ़ते हमलों के डर से वे पंजाब से पलायन कर गए लेकिन उम्मीद थी कि शांति बहाली के बाद वह अपने घरों को लौट जायेंगे। लौटना तो वह आज भी चाहते हैं पर उनके घरों पर जो अवैध कब्ज़े किये हुए हैं, उन्हें कौन छुड़ायेगा। इनकी मदद तो सरकारों ने नहीं की लेकिन राज्य में वक्फ बोर्ड देश के विभाजन से पहले की सम्पत्ति को पुनः प्राप्त करना चाहता है व उन्हें संबंधित स्थानों पर पुलिस सुरक्षा के साथ भेजा जा रहा है।

रोपड़ के समीप घनौली गांव में कुछ माह पहले ही कुछ लोग अपना पुराना कब्रिस्तान (खसरा नम्बर 73, गैर मुमकिन कब्रिस्तान) तलाशते पुलिस सुरक्षा के साथ पहुंचे थे। उस गांव में कोई मुसलमान नहीं लेकिन आज़ादी से पहले की यही स्थिति है। यहां के शिवसेना के नेता संजीव कुमार घनौली ने बताया कि पंचायत के साथ मिलकर न केवल उन्होंने उन लोगों के खिलाफ मामला दर्ज किया अपितु वहीं की कई स्थानीय अदालत में सिविल सूट भी दायर है। इन लोगों को दुख है कि देश के विभाजन से पहले की सम्पत्ति को तलाशने के लिए राज्य सरकार अल्पसंख्यकों के लिए अंदरखाते करोड़ों रुपये के फंड व पुलिस सुरक्षा भी दे रही है लेकिन आतंकवाद से प्रभावित हिन्दुओं को सरकारी सुविधाओं से भी रेड-कार्ड न देकर

वंचित रखा गया है। उन्हें तो अब लगता है कि दार-उल-इस्लाम की तरह खालिस्तानी आतंकवादी इस्लामी कट्टरपंथियों के साथ सहयोजित हो रहे हैं।

उस दौर में अलग रज्य की मांग करने वाले उग्रवादियों ने हिंदुओं और उनकी आस्था पर हमला करने के एक और प्रयास में मंदिरों में गायों के कटे हुए सिर रखकर हिंदू मंदिरों को भी अपवित्र किया। अमृतसर के शिव मंदिर में धमाका, पटियाला के काली मंदिर में गायों को मारने, जैन मंदिर से सोना चोरी करने आदि अनेक घटनायें हैं जो प्रमाणित करती हैं कि हिन्दू आतंकवादियों के निशाने पर थे। हिंदुओं को मारने के आदेश सीधे भिंडरांवाले सहित शीर्ष खालिस्तानी नेताओं से आते थे। कहा जाता है कि यहाँ से हिंदू-सिख समस्या को हल करने के लिए प्रत्येक सिख को 32 हिंदुओं को मारने के लिए कहा जाता था लेकिन इसे सत्यापित नहीं किया जा सका। 28 जुलाई 1984 को, खालिस्तानी उग्रवादी समूह, बब्बर खालसा इंटरनेशनल (बीकेआई) के नेता अजैब सिंह बागरी ने कहा कि 'मैं आपको अपना सबसे गंभीर आश्वासन देता हूं कि जब तक हम 50,000 हिंदुओं को मार नहीं देते, हम आराम नहीं करेंगे।'

पंजाब में हिन्दुओं की सुरक्षा के लिए पहला संगठन, 'हिन्दू सुरक्षा समिति 'के संस्थापक पंचानद गिरी जी महाराज ने कहा कि राज्य में हिन्दू-सिखों का तो कभी कोई झगड़ा ही नहीं था। मामला तो वर्ष 1975 में निरंकारी संगठन के लोगों द्वारा सिख मान्यताओं व गुरुग्रंथ साबिह को गुरु न मानने की धारणा के खिलाफ लिखी पुस्तक से शुरू हुआ व हिन्दू-सिख विवाद में तब्दील हो गया। पंचानंद गिरी का सिर काटने की भी भिंडरांवाले ने घोषणा की थी लेकिन वह डर कर छिपने की बजाय स्वयं ही स्वर्ण मंदिर के बाहर खड़े हो गए और उसे ललकारा। अपनी समिति के माध्यम से स्वामी जी आतंकवाद के कारण अनाथ हुए बच्चों का भी पालन-पोषण करते रहे। आज भी वह संघर्षरत्त हैं ताकि हिन्दुओं को पंजाब व अन्य राज्यों में अल्पसंख्यकों का दर्जा मिल सके। वह जनहित याचिका के तहत सरकार से यह जवाब भी मांगने जा रहे हैं कि भिंडरांवाले संत था या नहीं, अगर था तो सेना ने उसे क्यों मारा व अगर आतंकवादी था तो उसे संत कहने वालों के खिलाफ कार्रवाई क्यों नहीं।

उनका कहना है कि अगर वह हिन्दू व सिखों में भेद करते तो आतंकवाद से लड़ने वाले पंजाब के लगभग 350 पुलिस अधिकारियों व कर्मचारियों के हक की लड़ाई नहीं लड़ते जिन्हें राज्य की सरकार ने प्रताड़ित किया। इनके लिए उन्होंने जलियांवाला बाग से चंडीगढ़ तक मार्च निकाला था।

हिंदू परिवारों ने सिख आतंकवादियों के हाथों निश्चित मौत के डर से अपने घरों और संपत्तियों को छोड़ दिया। अमृतसर जिले के तरनतारन के आसपास के गांवों के रहने वाले कहते हैं कि यह 1947 से भी बद्तर स्थिति थी जब सैकड़ों हिंदू, सिख और मुसलमान मारे गए थे। विभाजन केवल एक बार हुआ पर आतंकवाद के दौरान तो हिन्दुओं की हत्या रोज का धंधा बन गया था।

तरनतारन इलाके में कुछ हिन्दू परिवारों का कहना था कि 'हम सभी वहाँ इतने डरे हुए थे कि जब भी चरमपंथियों ने हममें से एक को मार डाला तो कोई भी इस डर से शव को दाह-संस्कार के लिए उठाने तक आगे नहीं आता था कि उन्हें भी मार न दिया जाये।

जालंधर, अमृतसर और तरनतारन में हिंदू छात्रों से पैसा वसूला जाता था। इस संबंध में पंजाब के एक प्रसिद्ध कॉलेज के सेवानिवृत्त प्रोफेसर ने जालंधर में बताया कि हिंदुओं द्वारा प्रबंधित अधिकांश कॉलेजों में ऑल इण्डया सिख स्टूडेंटस फेड़रेशन (एआईएसएसएफ) का वर्चस्व था, जो अक्सर शिक्षकों को निर्देश देते थे। सिख छात्रों का गुस्सा ऑपरेशन वुड रोज का प्रत्यक्ष परिणाम था। पंजाबी विश्वविद्यालय, पटियाला तो इसका प्रमाण रहा है। इसमें कोई संदेह नहीं है कि हिंदू परिवारों को आतंकित और जान-बूझकर भयावह रणनीति के तहत पंजाब छोड़ने के लिए मजबूर किया जा रहा था।

हिंदुओं का पलायन चौतरफा चिंता का कारण बन गया था। हरियाणा की तत्कालीन सरकार यह सोच कर डर गई कि हिंदुओं के आने से राज्य में दोनों समुदायों के बीच संबंध खराब हो सकते हैं। राज्य कांग्रेस (आई) के नेताओं के बयान थे कि, 'हम हरियाणा में इस समस्या से डरते हैं। यह न केवल अर्थव्यवस्था को अस्थिर करेगा बल्कि हमारे सामाजिक संबंधों के लिए भी खतरा पैदा करेगा जो वर्तमान में मिलनसार हैं'। पंजाब के आतंकवाद का प्रभाव हरियाणा, दिल्ली व उत्तर प्रदेश में भी देखने को मिला। हरियाणा में कई स्थानों पर बम विस्फोट हुए जबकि दिल्ली व उत्तर प्रदेश में सिख विरोधी आहट सुनाई दी। पंजाब से बाहर होने वाली आतंकवाद के विरुद्ध प्रतिक्रिया को कर्फ्यू लगाकर रोक दिया जाता था पर पंजाब में हो रही हिन्दू विरोधी वारदातें किसी कर्फ्यू से नहीं रुकी।

अध्याय 2

राजनीतिक भूलों का शिकार पंजाब

पंजाब में जातिगत द्वेष के लिए राजनीति तो जिम्मेदार है ही, लेकिन सबसे बड़ी भूल किसे माना जाये। पंजाब का विभाजन, पंजाबी सूबे की मांग, पूर्व मुख्यमंत्री ज्ञानी जैल सिंह की धर्म आधारित राजनीति, मोरारजी देसाई द्वारा सिंध संघर्ष से समर्थन खींचना, आनंदपुर साहिब रेसोल्यूशन, प्रधानमंत्री रहते हुए इंदिरा गांधी का भिंडरांवाले का समर्थन कर कथित रूप से उग्रवाद को भड़काना, राजीव गांधी का भिंडरांवाले को संत करार देना, अटल बिहारी की लाहौर बस यात्रा या पंजाब में अकाली-भाजपा गठबंधन या वर्तमान प्रधानमंत्री का कड़ा रुख। इन सबमें आतंकवाद का शिकार हिन्दू हुआ और सरकारों की उपेक्षा का शिकार भी हिन्दू ही हुआ।

भारतीय स्वतंत्रता को ही दो सदियों के सबसे बड़े धार्मिक संघर्षों में से एक पंजाब के खालिस्तान की माँग के लिए चले संघर्ष को कहा जा सकता है। हालांकि भारत का विभाजन ही धर्म के आधार पर हुआ था पर स्वतन्त्रता के बाद ही भारत सरकार ने स्पष्ट कर दिया था कि धार्मिक आधार पर भारतीय राज्य के राजनीतिक पुनर्गठन की मांगों पर विचार नहीं किया जाएगा व अलगाववादी दावों को बर्दाश्त नहीं किया जाएगा। भारतीय संविधान में सभी निर्वाचित राजनीतिक उम्मीदवारों को यह शपथ भी लेनी होती है कि वह भारत के संविधान के प्रति सच्ची आस्था और निष्ठा रखेंगे

और भारत की संप्रभुता और अखंडता को बनाए रखेंगे। इस शपथ के बावजूद भी संसद में बैठकर पंजाब को अलग राज्य बनाने की मांग करने वालों का समर्थन करने वालों पर कोई कारवाई नहीं हुई? अब तो जाति विशेष बाहुल को देखते हुए कई राज्य जिलों की घोषणा करते हैं।

पंजाब की राजनीतिक भूलों को, अगर इतिहास के पन्नों में तलाश करें तो पंजाब में अलग से पंजाबी सूबा बनाने की मांग तो वर्ष 1947 में पहले मास्टर तारा सिंह, फिर 1948 में अकाली दल द्वारा शुरू हो गई थी। पंजाब में स्वायत्तता की मांग कांग्रेस व केन्द्र सरकार के विरुद्ध थी लेकिन इसमें हिन्दू विरोधी सुर भी सुनाई दे रहे थे। वर्ष 1948 में अकाली दल के तीन सदस्यीय दल ने डॉ. बी.आर. अम्बेडकर से मिलकर भाषा के आधार पर पंजाबी सूबे की मांग कर दी। उनकी यह मांग इसलिए ठुकरा दी गई क्योंकि पंजाब में केवल पंजाबी भाषी लोग नहीं थे। वर्ष 1948 में पेप्सू (पीईपीएसयू) में राज्य के पूर्व में पंजाबी भाषी, दक्षिण में दिल्ली (हिसार, रोहतक) कांगड़ा, शिमला में हिन्दू अधिक थे अतः वृहद पंजाब में सिखों की संख्या करीब 35 प्रतिशत ही आंकी गई थी। अतः बिन्दुओं से अलग पूर्व के सात राज्यों, अमृतसर, गुरदासपुर, होशियारपुर, जालंधर, फिरोज़पुर, अम्बाला, पटियाला को मिलाकर पंजाबी सूबा बनाने की मांग ने जोर पकड़ लिया।

इतना ही नहीं, वर्ष 1950 में संविधान लागू करने का जो ड्राफ्ट तैयार किया गया था, उस पर भी पंजाब विधानसभा के सदस्यों ने हस्ताक्षर नहीं किए थे। वर्ष 1949 में सच्चर आयोग ने पंजाबी भाषी क्षेत्रों में पंजाब व हिन्दी भाषी क्षेत्रों में हिन्दी लागू करने का जो फार्मूला तैयार किया, उसके लिए गठित कमेटी में दो हिन्दू व दो सिख नेता शामिल थे। इसे भी जेल से छूटकर आये मास्टर तारा सिंह ने अस्वीकार कर दिया व 1950 में पंजाबी सूबे की मांग को लेकर बड़ा आंदोलन खड़ा कर दिया। इस समय तक पंजाब में हिन्दू असुरक्षित नहीं महसूस कर रहे थे क्योंकि उनकी जनसंख्या अधिक थी। 1954 में राज्य पुनर्गठित कमेटी में अकाली दल ने जो प्रस्ताव दिया, उसे आर्य समाज व जनसंघ ने अस्वीकार कर दिया। अतः वर्ष 1955 में कमेटी ने अकाली दल का प्रस्ताव ठुकरा दिया। अकाली दल ने स्वर्ण मंदिर को मुख्यालय बनाकर बड़ा विरोध किया व वर्ष 1955 में स्वर्ण मंदिर पर सुरक्षा बलों ने दबिश भी दी थी। इतिहासकार मानते हैं कि 1956 में कांग्रेस व अकाली दल ने अमृतसर में समानांतर कार्यक्रमों का आयोजन कर स्पष्ट कर दिया कि दोनों दल सिख राजनीति पर वर्चस्व कायम करने की लड़ाई लड़ रहे हैं व उसमें हिन्दू जनसंख्या का कोई स्थान नहीं दिखा।

वर्ष 1957 में पंजाब में प्रताप सिंह कैरों के नेतृत्व में कांग्रेस की सरकार बनी व एक बार फिर अकालियों से अंदरखाते समझौता कराने की कवायद शुरू हुई। इस कवायद के तहत किए जाने वाले समझौते से हिन्दू नेता आशंकित थे, अतः लाला जगत नारायण ने विधानसभा से त्यागपत्र देकर इसका विरोध शुरू किया। आर्य समाज व जनसंघ में इसका तीव्र विरोध शुरू हो गया। पंजाब के इतिहास में यह हिन्दूवादी संगठनों का यह पहला तीव्र विरोध था। पंजाब के हिन्दी भाषा समर्थकों और हिन्दी रक्षा समिति ने इसे रद्द करने का अभियान चलाया। आर्य समाज ने क्षेत्रीय फॉर्मूला को सच्चर की सिफारिशों से भी बद्तर माना क्योंकि पंजाबी भाषी 'क्षेत्र 'ने उन लोगों के लिए हिन्दी विकल्प को नहीं रखा, जिसे वह अपनी भाषा के रूप में चुनना चाहते थे।

इसके बाद उस समय के समाचारपत्रों के संपादकों और शिक्षाबोर्ड के सदस्यों सहित आर्य समाजियों द्वारा 'सेव हिन्दी 'आंदोलन शुरू किया गया। इसमें पंजाब में हिन्दुओं का अस्तित्व बचाने की लड़ाई अधिक थी। कई महीनों तक चले हिन्दी आंदोलन को वर्ष 1957 में बनी राज्य सरकार ने दबाने की भी कोशिश की। परिणामस्वरूप क्षेत्रीय फॉर्मूला लागू नहीं किया गया।

पंजाब में भाषा सीमाएं सांप्रदायिक सीमा बन गई और मास्टर तारा सिंह ने पंजाबी सूबा को हिन्दी कट्टरता के खिलाफ एकमात्र समाधान माना। मार्च, 1958 तक अकाली दल ने फॉर्मूला का समर्थन किया, जबकि तारा सिंह ने जून में कहा कि अगर यह प्रस्ताव लागू नहीं किया गया तो पंजाबी सूबा संघर्ष को फिर से शुरू करेंगे। उन्होंने 14 फरवरी, 1959 को पटियाला में शिरोमणि अकाली दल की एक आम बैठक बुलाई, जहाँ अकाली दल के राजनीतिक संचालन को बहाल करने का समर्थन किया। वर्ष 1966 में तत्कालीन प्रधानमंत्री इंदिरा गांधी की सरकार ने सिखों की मांग को स्वीकार करते हुए पंजाब पुनर्गठन अधिनियम के अनुसार राज्य को तीन भागों में बांट दिया। पंजाब का दक्षिण भाग, जहां हरियाणवी बोली जाती थी, वह बन गया हरियाणा और जहां पहाड़ी बोली जाती थी, उस भाग को हिमाचल प्रदेश में मिला दिया गया। शेष क्षेत्रों, चंडीगढ़ को छोड़कर, एक नए पंजाबी बहुल राज्य का गठन किया गया। वर्ष 1966 तक पंजाब 68.09 प्रतिशत हिन्दुओं के साथ एक हिंदू बहुमत राज्य था। भाषाई विभाजन के बाद हिन्दू बहुल जिलों को राज्य से हटा दिया गया। चंडीगढ़ को विभाजन के बाद राजधानी (विभाजन पूर्व राजधानी के बाद) के रूप में प्रतिस्थापित किया गया। इस पर पंजाब और हरियाणा ने अधिकार जताया। परिणामनुसार चंडीगढ़ को केन्द्र-शासित प्रदेश घोषित कर दिया गया जो कि दोनों

राज्यों के लिये राजधानी बना। आज भी कई सिख संगठनों का मानना है कि पंजाब का त्रि-विभाजन सही रूप से नहीं किया गया क्योंकि विभाजनोपरांत कई पंजाबी भाषी जिले हरियाणा में चले गये। इसके विरोध में फतेह सिंह ने आत्मदाह की धमकी दी थी लेकिन वर्ष 1967 में इंदिरा गांधी से उनकी मांग पर पुनर्विचार करने के मिले आश्वासन के बाद आत्मदाह का फैसला वापस ले लिया। यह दीगर बात है कि दिसम्बर, 1967 में इंदिरा गांधी ने ऐसा कोई आश्वासन दिए जाने से इंकार कर दिया था। इसके बाद भी वर्ष 1972 तक फतेह सिंह चंडीगढ़ को पंजाब के हवाले करने तथा हरियाणा से पंजाबी भाषी इलाके पंजाब को दिए जाने की मांग करते रहे लेकिन उनकी मृत्यु के बाद यह परिदृश्य बदल गया।

1970 के दशक में, जैसे-जैसे कृषि पैदावार स्थिर होने लगी और तेल की कीमतों में गिरावट ने फारस की खाड़ी में पंजाब व दुनिया के अन्य देशों से गए श्रमिकों के लिए काम खत्म होने लगा तो वह लौटने लगे। यहाँ लौट कर उन्हें महसूस हुआ कि उनकी जगह तो अब 20,000 से भी अधिक निम्न जाति के उन मज़दूरों ने ले ली जो भारत के अन्य भागों से आये हैं व हिन्दू हैं। सिख धर्म के गुरुओं, वरिष्ठों को भी समझ आने लगा कि उनकी एक पूरी पीढ़ी सहजदारी हो रही है, अनेक विदेशों में बस गए हैं, युवाओं पर धर्म की पकड़ कम हो रही है क्योंकि राज्य में गैर-सिख जीवन जीने के तरीके युवा वर्ग अपना रहा है। पंजाब की राजनीति पर नज़र रखने वाले कुछ पत्रकारों का कहना था कि उस दौर में सिख नेतृत्व ने महसूस किया कि पंजाब में सिख धर्म को हिंदू प्रभावों से बचाना होगा।

यह सोच सम्भवतः वर्ष 1920 में अकाली दल के गठन के समय तय किए गए उद्देश्यों की गल्त व्याख्या से भी हो सकती है। इतिहास कहता है कि 1920 को एक राजनीतिक संगठन के रूप में अकालियों का जन्म ब्रिटिश औपनिवेशिक शासन के तहत भ्रष्ट महंतों से गुरुद्वारों को मुक्त करने के लिए हुआ था। अकाली विचारक सरदुल सिंह कविशर ने लिखा, "सिख जानता है कि यदि उसका धर्म सुरक्षित है, तो वह निश्चित रूप से अपने देश की खोई हुई स्वतंत्रता को पुनः प्राप्त कर सकता है, लेकिन अगर उसका धर्म सुरक्षित नहीं है, भले ही उसका देश आजाद हो, इस बात की कोई गारंटी नहीं है कि वह उस आजादी को बरकरार रख पाएगा। वास्तव में यह उनके धर्म की स्वतंत्रता है जो उनके देश की स्वतंत्रता के लिए सबसे अच्छा बचाव है"। इसी की गलत व्याख्या नौजवानों को पथ-भ्रष्ट करने के लिए भी की गई।

सत्तर व अस्सी के दशक में प्रवासी मज़दूर पंजाबी लोगों के खेतों व घरों में काम कर न केवल आर्थिक रुप से सम्पन्न हो रहे थे बल्कि पंजाब की मतदाता सूचियों में

भी शामिल हो रहे थे। इस प्रकार पंजाब में बिगड़ रहे जातिगत अनुपात से राज्य में हिंदुओं के प्रतिशत में वृद्धि होनी शुरु हो गई। जैसे-जैसे पंजाब में सिखों का अनुपात घट रहा था, दिल्ली में प्रधानमंत्री इंदिरा गांधी की सत्तारूढ़ कांग्रेस पार्टी ने अकाली दल के राजनीतिक प्रभुत्व को रोकने के प्रयास में पंजाब की राजनीति में अपनी भागीदारी को और संगठित व अक्रामक कर दिया। आतंकवाद के दौर की अनेक ऐसी वारदातें हैं जहाँ इन प्रवासी मज़दूरों को निशाना बनाया गया।

इसके बाद पंजाब की राजनीति में ज्ञानी जैल सिंह का युग आया, जिसके बारे में कांग्रेस के अपने लिखित इतिहास की एक श्रृंखला में जो टिप्पणी की गई है, उससे कांग्रेस पंजाब में माहौल खराब करने के आरोपों से आज तक स्वयं को मुक्त नहीं कर पाई। 'भारतीय राष्ट्रीय कांग्रेस का एक शताब्दी इतिहास 'श्रृंखला के पांचवें खंड में पंजाब में धर्म के नाम पर 'डर्टी पॉलिटिक्स 'पर टिप्पणी की गई है कि 80 के दशक में पंजाब की गड़बड़ी के लिए ज्ञानी जैल सिंह, संजय गांधी जिम्मेदार थे। वह सब तत्कालीन प्रधानमंत्री इंदिरा गांधी की अनुमति के बिना तो नहीं कर सकते थे। कांग्रेस के 125 साल पूरे होने के उपलक्ष्य में निकाले गये इस खंड (वॉल्यूम) में जिन मुद्दों का वर्णन और विश्लेषण किया गया, उसने निश्चित रूप से कांग्रेस को प्रभावित किया। इसमें पंजाब की समस्या को हवा देने में कांग्रेस की कहीं न कहीं भूमिका रही।

ऑपरेशन ब्लूस्टार के बाद की स्थिति पर अकाली और कांग्रेस नेतृत्व पर टिप्पणी करते हुए किताब कहती है कि राजनीतिक उद्देश्यों के लिए धर्म का इस्तेमाल स्पष्ट रूप से सिख समुदाय और पंजाब के लिए विनाशकारी साबित हुआ। उल्लेखनीय है कि वर्ष 1972 के चुनावों में कांग्रेस राज्य विधानसभा में सबसे बड़ी पार्टी के रूप में उभरी और जैल सिंह के नेतृत्व में सरकार बनाई गई। इस संबंध में पुस्तक कहती है, 'पंजाब की राजनीति में एक धार्मिक स्वर पेश करके, ज्ञानी अकालियों को कमजोर करने में काफी हद तक सफल रहे, लेकिन परिणाम प्रांतीय राजनीति का बढ़ता साम्प्रदायीकरण निकला, जो विनाशकारी था।'

पुस्तक के एक अध्याय 'इंदिरा गांधी: ऐन ओवर व्यू 'में कहा गया है, जैल सिंह, जो 1970 के दशक में पंजाब के कांग्रेस के मुख्यमंत्री थे और इंदिरा के 1980 के कैबिनेट में पहले गृह मंत्री और बाद में देश के राष्ट्रपति थे, ने सिखों की धार्मिक भावनाओं को ठेस पहुंचाकर अकालियों को कमज़ोर करने की कोशिश की। हालांकि, कांग्रेस ने किताब में व्यक्त विचारों से तभी किनारा कर लिया था लेकिन पार्टी के उस समय के वरिष्ठ नेता प्रणब मुखर्जी की अध्यक्षता में संपादकों के एक

समूह द्वारा लिखी गई पुस्तक से किनारा करना कांग्रेस के लिए आसान नहीं था। आपातकाल के बाद जनता पार्टी सरकार के प्रयोग के बाद 1980 में इंदिरा गांधी के सत्ता में वापस आने का जिक्र करते हुए, पुस्तक में कहा गया है कि इंदिरा गांधी पंजाब के तत्कालीन मुख्यमंत्री प्रकाश सिंह बादल के खिलाफ हो गई। पुस्तक में दावा किया गया है कि बादल ने आश्वासन दिया था कि अगर उन्हें न छेड़ा जाये तो वह केंद्र की कांग्रेस सरकार को पूरा सहयोग देंगे। इंदिरा गांधी ने विपक्ष के साथ हाथ मिलाने और आपातकाल के खिलाफ अकाली मोर्चा शुरू करने के लिए बादल के खिलाफ नाराजगी तो जताई पर केवल आरएसएस और अन्य सांप्रदायिक संगठनों पर प्रतिबंध लगाया पर अकाली दल अछूता रहा। पुस्तक में कहा गया है कि इंदिरा गांधी ने पंजाब में अकाली सरकार सहित कुछ राज्य सरकारों को भी बर्खास्त कर दिया ।

ऑपरेशन ब्लूस्टार से पहले राज्य में सांप्रदायिक स्थिति का जिक्र करते हुए, पुस्तक में कहा गया है कि तत्कालीन केंद्रीय गृह मंत्री जैल सिंह और पंजाब के मुख्यमंत्री दरबारा सिंह के बीच राजनीतिक वर्चस्व की लड़ाई के कारण राज्य में स्थितियों पर काबू पाने के लिए त्वरित कार्रवाई न हो सकी। पंजाब में हिन्दू व गैर-सिख विरोधी भावनाओं को भड़काने की पहली घटना अप्रैल, 1978 को हुई मानी जा सकती है। उस दिन निरंकारी संप्रदाय द्वारा अमृतसर को अपना वार्षिक सम्मेलन आयोजित करने के लिए चुना गया था। निरंकारियों पर अकालियों और अन्य कट्टरपंथी सिख समूहों द्वारा धर्मत्याग का आरोप लगाया जाता है। जरनैल सिंह भिंडरांवाले और फौजा सिंह के नेतृत्व में अखंड कीर्ति जत्था के सदस्यों के एक गिरोह ने निरंकारी सम्मेलन पर हमला किया। इस तरह के झड़पों का एक लंबा इतिहास था, लेकिन इस मौके पर फौजा सिंह सहित तीन निरंकारियों के साथ 13 सिख मारे गए। अगले छह वर्षों में, जून, 1984 में अपनी मृत्यु तक, भिंडरांवाला एक कट्टरपंथी धार्मिक मंच से सिखों की राजनीतिक आकांक्षाओं के नाम पर नफरत के पंथ का प्रचार करता रहा।

जून, 1984 में आप्रेशन ब्लू स्टार हुआ व उसी वर्ष जुलाई में केन्द्र सरकार ने इस पर श्वेत पत्र भी जारी कर दिया। देश में जितना इस श्वेतपत्र का इंतज़ार किया गया, सम्भवतः उतना किसी अन्य दस्तावेज़ का नहीं किया होगा। 170 पन्नों के इस दस्तावेज़ में पांच अध्यायों, 11 अनुलग्नकों और 25 तस्वीरों के माध्यम से ऑपरेशन ब्लूस्टार तक पहुंचाने वाली घटनाओं की विस्तृत जानकारी दी गई। इस पूरे दस्तावेज़

में हिन्दुओं को मारे जानेहिन्दुओं को निशाना बनाये जाने, मंदिर तोड़े जाने का , ज़िक्र ही नहीं था।

भारतीय जनता पार्टी के तत्कालीन अध्यक्ष अटल बिहारी वाजपेयी, जो मंदिर पर हमले के समर्थन में मुखर रहे हैं, ने कहा, "इसने जितना छुपाया है, उससे कहीं अधिक मुद्दों को टाल दिया अथवा पर्दा डाल दिया। अकालियों और चरमपंथियों को छोड़कर किसी को भी त्रासदी के लिए दोषी नहीं ठहराया गया, विदेशी हाथों पर भी कोई चर्चा नहीं अतः स्पष्ट है कि कोई सिर लुढ़कने वाला नहीं"।

निरंकारी प्रमुख बाबा गुरबचन सिंह सहित 62 निरंकारियों ने 1978 के टकराव में 13 सिखों की हत्या के आरोप में मुकदमे का सामना किया और उन्हें इस आधार पर बरी कर दिया गया था कि उन्होंने आत्मरक्षा में गोलियां चलाई थीं। इसका विरोध कट्टरपंथी सिखों में हुआ और अप्रैल, 1980 में बाबा गुरबचन सिंह की दिल्ली में गोली मारकर हत्या कर दी गई थी। प्रथम सूचना रिपोर्ट (एफआईआर) में हत्यारों में बीस व्यक्तियों का नाम था, जिसमें भिंडरांवाले के कई ज्ञात सहयोगी भी शामिल थे। इसके बाद सम्पादक लाला जगत नारायण की हत्या की गई।

इस हत्याकांड में नाम आने के बाद भी वह 20 सशस्त्र सिखों से घिरे हुए स्वतंत्र रूप से घूमता रहा व पुलिस व सरकार उसे गिरफ्तार करने की बजाय उससे बातचीत के रास्ते तलाशती रही। वह अमृतसर से 45 किलोमीटर दूर मेहता चौक गांव में अपने मुख्यालय के साथ भिंडरांवाले टकसाल नामक कई धार्मिक समूहों में से एक का नेतृत्व करता रहा। 20 सितंबर, 1981 को निरंकारी हत्या मामले में गिरफ्तारी के लिए वह सहमत हुआ लेकिन शर्त रखी कि केवल 'अमृतधारी 'अधिकारी ही उन्हें गिरफ्तार करें। एसएसपी जरनैल सिंह चहल, एसडीएम बाज सिंह भुल्लर और इकबाल सिंह लायलपुरा को इसके लिए चुना गया। अपनी शर्तें मनवाने के बावजूद वह अपने सशस्त्र समर्थकों के साथ आया लेकिन मुठभेड़ में 11 लोग मारे गए थे। वर्ष 1982 को वह अपने समर्थकों सहित स्वर्ण मंदिर में प्रवेश कर गया। इसके लिए उसने भारत के भीतर बड़े पैमाने पर स्वायत्त राज्य बनाने के लिए आनंदपुर साहिब संकल्प के आधार पर मांगों की एक सूची सरकार को भेज दी। उस समय सिख समुदाय के कुछ वर्गों में प्रचलित आर्थिक, सामाजिक और राजनीतिक परिस्थितियों के चलते असंतोष था। यहां वह सर्वेसर्वा बना। पंजाब में कुछ पूर्व पुलिस अधिकारी, जिन्होंने भिंडरांवाले को करीब से देखा था, मानते हैं कि वह हिन्दुओं के खिलाफ नहीं था। पंजाब में हिन्दुओं के खिलाफ जो माहौल अधिक उग्र बना, वह वर्ष 1984 में उसके मारे जाने के बाद बना।

बहुत कुछ बयान करती है यह तस्वीर, जिसमें भिंडरांवाले के चरणों में ऐसे चेहरे दिखाई देंगे जो पंजाब का भविष्य तय कर रहे थे।

उसके समर्थक अलग-अलग धड़ों में बंटे तथा अपने-अपने संगठन बनाकर पंजाब में कत्लेआम करते रहे। इसमें परमजीत पंजवड़, गुरुबचन सिंह मनोचाहल, मिलान सिंह सेखों व उसका भाई महल सिंह बब्बर प्रमुख रहे। ऑपरेशन ब्लू स्टार वो घटना है जिसने हिन्दुस्तान के इतिहास को बदल कर रख दिया। एक देश के सबसे अमीर और विकसित राज्यों में गिना जाने वाला पंजाब आतंकवाद के दौर में इस प्रकार अंधेरे में खोया कि आजतक पूरी तरह से उभऱ नहीं पाया है। सवाल तो यह है कि क्या आतंकवाद को राजनीति ने खुद न्योता दिया था ? जून 1984 में जो कदम उठाया, तत्कालीन केन्द्र सरकार ने उठाया, तब उससे लगा कि पिछले पांच वर्ष से पंजाब में चली आ रही राष्ट्रविरोधी गतिविधियों पर रोक लग जायेगी। इसका तो अंदाज़ा इंटेलीजेंस एजंसियां भी नहीं लगा सकी कि आप्रेशन ब्लू-स्टार का दावानल पूरे देश में भड़क जायेगा।

तो यह है कि आतंकवाद के एक दशक में व उसके बाद भी हिन्दू निशाने पर रहे पर केन्द्र सरकार मूक दर्शक बनी रही। हिन्दुओं पर हुए इन अत्याचारों में क्या केन्द्र की सरकारों की भी कोई राजनीतिक महत्वकांक्षायें थी? 1977 के लोकसभा चुनाव हारने के बाद कांग्रेस पंजाब में भी हार गई व प्रकाश सिंह बादल के नेतृत्व में बनी पंजाब सरकार के विरुद्ध कांग्रेस ने जरनैल सिंह भिंडरांवाला, दमदमी टकसाल के जत्थेदार का सहारा लिया व उसने अगले एक दशक में पंजाब की तस्वीर ही बदल दी। वरिष्ठ पत्रकार कुलदीप नैय्यर के मुताबिक भिंडरांवाले का दिल्ली में बाकायदा इंटरव्यू हुआ था। इस बात का जिक्र नैय्यर ने अपनी किताब 'बियांड द लाइंस एंड आट्रोबायोग्राफी 'में किया है। उन्होंने लिखा है कि कांग्रेस कार्यकारिणी समिति के सदस्य जैल सिंह और दरबारा सिंह, जो बाद में मुख्यमंत्री भी बने, ने मिलकर दो व्यक्तियों को संजय गांधी से मिलवाया। कुलदीप नैय्यर के अनुसार "संजय के दोस्त और सांसद कमलनाथ ने मुझे ये बताया था कि हम कभी-कभी उसे पैसे भी देते रहते थे। हमने कल्पना भी नहीं की थी वह आतंकवाद के राह पर चल पड़ेगा। कुलदीप नैय्यर ने दावा किया कि 24 अप्रैल1980 को निरंकारी बाबा की हत्या के बाद भिंडरांवाले की मुलाकात उनके साथ हुई थी। उन्होंने लिखा है कि इसी समय देश के तत्कालीन रक्षा मंत्री स्वर्ण सिंह कमरे में आये व जमीन पर बैठ गए। हिन्दू विरोधी इस सबसे बड़े चेहरे को नत्तमस्तक होकर राजनेताओं का प्रणाम करना भी प्रमाणित करता है कि सत्ता के लालच में साम्प्रदायिक हिंसा को भी प्राश्रय दिया गया।

बीबीसी पत्रकार सतीश जैकब और मार्क टेली ने 'अमृतसर मिसेज -गांधीस् लास्ट बैटल' नाम से किताब लिखी। इसमें कहा गया कि संजय गांधी और ज्ञानी जैल सिंह ने भिंडरांवाले के प्रचार प्रसार के लिए नई पार्टी बनवा दी। 1989 के चुनाव में भिंडरांवाले ने पंजाब की तीन लोकसभा सीटों पर कांग्रेस के उम्मीदवारों के समर्थन में चुनाव प्रचार भी किया। 1980 में जब इंदिरा की जबरदस्त वापसी हुई, जैल सिंह को इंदिरा गांधी ने गृह मंत्री बनाया। दरबारा सिंह को पंजाब का मुख्यमंत्री बनाया गया। इसी के साथ पंजाब में राजनीति का नया दौर शुरु हो गया।

1981 की जनगणना ने भी माहौल को गर्म कर दिया। धर्म और भाषा को लेकर राजनीति शुरू हो गई। लाला जगत नारायण ने अपनी अखबार में लिखा कि पंजाब में जनगणना चल रही है व इसमें हिन्दू अपनी मातृभाषा हिंदी बताए, न कि पंजाबी। इन बातों से कट्टर सिख नाराज हुए, भिंडरांवाले उन्हीं में से एक था। लाला जगत नारायण लगातार अपने लेखों के माध्यम से भिंडरांवाले को लेकर आगाह कर रहे थे कि सरकार कुछ नहीं कर रही है। 9 सितंबर 1981 को एक बड़ी घटना हुई। लाला जगत नारायण की हत्या कर दी गई। भिंडरांवाले पर हत्या का आरोप लगा। हत्या के चार दिन बाद पंजाब सरकार ने भिंडरांवाले के खिलाफ गिरफ्तारी वारंट जारी किया। हत्या के छह दिन बाद, 15 सितंबर 1981, को भिंडरांवाले को अमृतसर के गुरूद्वारा दर्शन प्रकाश से गिरफ्तार किया गया। हिन्दुओं के लिए आवाज़ उठाने वाले इस बड़े नेता की हत्या के बाद भी सरकार नहीं जागी व तत्कालीन केन्द्रीय गृह मंत्री ज्ञानी जैल सिंह ने भिंडरांवाले की रिहाई की घोषणा करते हुए कहा कि भिंडरांवाले के खिलाफ कोई सबूत ही नहीं है। इसके परिणामस्वरुप पंजाब के मूल निवासी हिन्दू भयभीत हो गए व पलायन का सिलसिला और तेज़ हो गया।

उस समय की केन्द्र व राज्य सरकार की हिन्दू विरोधी नीति यहाँ से भी स्पष्ट होती है कि डीआइजी एएस अठवाल की हत्या के बाद पंजाब के मुख्यमंत्री दरबारा सिंह को प्रधानमंत्री इंदिरा गांधी ने स्वर्ण मंदिर में पुलिस भेजने की सलाह दी पर जैल सिंह नहीं माने व भिंडरांवाले को और बल मिल गया। इसके इनाम स्वरुप इंदिरा गांधी ने ज्ञानी जैल सिंह को राष्ट्रपति बना दिया। ज्ञानी जैल सिंह के राष्ट्रपति बनने के एक महीने बाद ही पंजाब में संत हरचंद सिंह लोंगोवाल की अगुवाई में अकाली दल ने गिरफ्तारियां देने और मोर्चा लगाने का काम शुरू कर दिया जिसका मकसद आनंदपुर साहिब रिज्ल्यूशन को लागू करना था। 5 अक्टूबर 1983 को उग्रवादियों ने पंजाब से कपूरथला जा रही बस को सिख बंदूकधारियों ने देर रात रोका जिसके

बाद 6 लोगों को मौत के घाट उतार दिया। इस घटना के अगले ही दिन इंदिरा गांधी ने दरबारा सिंह सरकार को हटा दिया। पंजाब में राष्ट्रपति शासन लगा दिया गया।

15 दिसंबर 1983 को भिंडरांवाले ने अपने साथियों के साथ स्वर्ण मंदिर के अकाल तख्त पर कब्जा कर लिया। दिल्ली में मुगल दरबार की गद्दी से एक फुट ऊंचा अकाल तख्त पर भिंडरांवाले के कब्जे का विरोध गोल्डन प्रमुख ग्रंथी कृपाल सिंह ने किया लेकिन भिंडरांवाले ने किसी की परवाह नहीं की। अकाल तख्त से ही भिंडरांवाले ने इंदिरा गांधी को चेतावनी दी थी। शायद यही वह समय था जब इंदिरा गांधी को लगा कि उन्होंने भिंडरांवाले के रुप में एक भस्मासुर को प्राश्रय दिया है व तभी से उसके विरुद्ध कारवाई की संरचना शुरु हो गई। कांग्रेस नेतृत्व को भय था कि अगर पंजाब मामले को और लटकाया गया तो अन्य राज्यों में उसका सशक्त हिन्दू वोट बैंक खिसक जायेगा।

नरसिंह राव उस दौरान विदेश मंत्री हुआ करते थे। उन्होंने अकालियों से बात कर समझौता का रास्ता निकाला कि पंजाब को चंडीगढ़ दिया जाएगा और हरियाणा को अबोहर शहर। भिंडरांवाले किसी भी तरह के समझौते के लिए तैयार नहीं हुआ। यहाँ भी सिख वोट बैंक को देखते हुए ही राजनीति की बिसात बिछाई गई जिसमें कहीं-कहीं पैदल सैनिकों के रुप में हिन्दू नेता दिखाई दे रहे थे।

अफगान टेम्पलेट का उपयोग करते हुए पाकिस्तान ने पंजाबी अलगाववादी आंदोलन को प्रोत्साहित करना शुरू कर दिया। सिख विद्रोह के लिए बाहरी समर्थन के संबंध में पूर्व पुलिस अधिकारी वेद मारवाह ने लिखा कि पाकिस्तान सरकार ने आतंकवादी शिविरों की स्थापना की, वहाँ सिखों को प्रशिक्षित किया गया, उन्हें सुरक्षित ठिकाने दिए गए, खालिस्तानी नेतृत्व की मेजबानी की, हथियार और विस्फोटक प्रदान किए। पंजाब में उग्रवाद पहले से ही हिंदुओं और सिखों के बीच अलगाव का था। कई पुलिस अधिकारियों की आतंकवादियों के साथ सहानुभूति थी, जिस कारण पुलिस बल कमजोर बना और हिन्दुओं पर हो रहे हमलों का मूकदर्शक बना रहा। कई घटनाओं में पुलिस बल आतंकवादियों से लड़ते समय अपने हथियारों को छोड़ कर भाग गए। कानून बहाल करने वाली एजेंसियां हिन्दुओं की सुरक्षा के नाम पर रसातल में चली गईं। हालत यह हो गई कि पुलिस वालों की सहायता से ही आतंकवादियों ने पंजाब के शीर्ष पुलिस अधिकारी जूलियो फ्रांसिस रिबेरो की हत्या की साजिश रची थी। रिबेरो ने विभाजित पंजाब पुलिस में आत्मबल भरने का प्रयास अवश्य किया। गोली का जवाब गोली से देने का पाठ भी उन्होंने ही पुलिस को पढ़ाया। खालिस्तान लिबरेशन फोर्स ने ही 1991 में रोमानिया के नई दिल्ली स्थित

दूतावास के लिवियु राडू के अपहरण की ज़िम्मेदारी भी ली थी। उनका दावा था कि ऐसा उन्होंने रोमानिया में जूलियो फ्रांसिस रिबेरो पर हत्या के प्रयास के आरोप में की गई गिरफ्तारी के विरोध में किया। उस समय रिबेरो रोमानिया में भारतीय राजदूत थे व बुखारेस्ट में उन पर जानलेवा हमला किया गया था।

वर्ष 1993 में 22 हिंदुओं को बस से उतारकर गोलियों से भून दिया गया। इससे पहले पंजाब पुलिस के उपमहानिरीक्षक एएस अटवाल की दिन-दहाड़े स्वर्ण मंदिर परिसर में गोली मारकर हत्या कर दी गई थी। उनका शव दो घण्टे से भी अधिक समय तक स्वर्ण मंदिर के बाहर पड़ा रहा व पंजाब के मुख्यमंत्री को भिड़रांवाले को फोन कर शव उठाने की अनुमति मांगनी पड़ी। पत्रकार हरमिंदर कौर '1984- लेसंस फ़्रॉम हिस्ट्री 'नाम की अपनी किताब में लिखती हैं, 'सरकार और असंतुष्टों के बीच 1984 में छह बार बैठक हुई। आख़िरी बैठक 26 मई, 1984 को हुई, जो बेनतीजा रही। उस समय कुछ समाचारपत्रों ने लिखा था कि इंदिरा गांधी ने आख़िरी वक़्त तक सिखों को धोखा दिया। 2 जून, 1984 की रात को वे सिखों के नाम संदेश में हिंसा छोड़ने की अपील कर रही थीं और तीन दिन बाद, 6 जून 1984 को फ़ौज ने स्वर्ण मंदिर पर चढ़ाई शुरू कर दी। 'सेवानिवृत्त मेजर जनरल कुलदीप सिंह बराड़, जिन्होंने ऑपरेशन ब्लूस्टार को अंजाम दिया, अपनी इसी नाम से लिखी क़िताब में ज़िक्र करते हैं कि 'जब इंदिरा के पास कोई चारा नहीं बचा तो उन्होंने सैन्य कार्रवाई का निर्णय लिया। 'करीब एक दशक तक हिन्दुओं के नरसंहार को खामोश देखा गया। जब कांग्रेस नेताओं पर दबाव बढ़ा तो आपरेशन ब्लूस्टार जैसी फौजी कार्रवाई हुई। वरिष्ठ पत्रकार खुशवंत सिंह ने 'हिस्ट्री ऑफ़ सिख्स 'में लिखा है कि इंदिरा ने भिंडरांवाले को ख़त लिखकर समझाने का अंतिम प्रयास किया था। खुशवंत लिखते हैं कि स्वर्ण मंदिर के तत्कालीन लाइब्रेरियन देवेंदर सिंह दुग्गल के दावे के मुताबिक़ उन्होंने (दुग्गल) इंदिरा का ख़त तीन जून, 1984 को भिंडरांवाले को पढ़कर सुनाया था। दुग्गल के मुताबिक़ ऑपरेशन ब्लूस्टार के दौरान वह ख़त जल गया। सात जून को भिंडरांवाले और उसके साथियों की मौत हो गई। 1984 में दिल्ली में प्रधानमंत्री इंदिरा गांधी की हत्या के बाद सिखों का नरसंहार हुआ। पंजाब में अकालियों को कमज़ोर करने के लिए इंदिरा गांधी व संजय गांधी ने ज्ञानी जैल सिंह की राय पर भिंडरांवाले को खड़ा तो किया पर वह उनके लिए ही भस्मासुर बन गया।

पंजाब देश का पहला राज्य रहा होगा, जहाँ के मुख्यमंत्री अपने धर्मगुरुओं के आदेश के चलते आतंकवादियों के विरुद्ध की गई कारवाई के आरोप में देश भर के गुरुद्वारों में लोगों के जूते साफ करते दिखे। पंज-प्यारों ने वर्ष 1986 में तत्कालीन

मुख्यमंत्री सुरजीत सिंह बरनाला को अकाल तख्त के जत्थेदार कृपाल सिंह ने पुलिस को स्वर्ण मंदिर में भेजने के आरोप में तनखैया घोषित नहीं किया लेकिन जूते साफ करने की सज़ा अवश्य सुनवाई। हालांकि बरनाला पुलिस कार्रवाई से सहमत थे, लेकिन फिर भी मुख्यमंत्री ने पश्चाताप के लिए जूते साफ करने की सज़ा भुगती। इसका परिणाम यह हुआ कि अकाली दल में उनके विरोधी धड़े ने इसे बड़ा नाटक करार दिया और उन्होंने कड़ा उग्रवादी रुख अपना लिया। जालंधर जिले के एक गुरुद्वारा में गुरुचरण सिंह टोहरा ने बरनाला सरकार की तुलना मुगल अत्याचारियों से की। इंदिरा गांधी की हत्या के मारे गए आरोपी बेअंत सिंह की स्तुति की और दिवंगत जरनैल सिंह भिंडरांवाले को इस युग का सबसे बड़ा मिशनरी बताया (तब के समाचारपत्रों में उल्लेख)। उस समय प्रमुख पंजाबी उपन्यासकार, जसवंत सिंह कंवल ने एक पंजाबी दैनिक में एक खुले पत्र में कहा, 'बादल की कार्रवाई ने सिखों को आपदा के करीब ला दिया है। 'बरनाला ने अपने त्यागपत्र में लिखा था, 'दे हैव देयर पैटी पॉलिटिक्स, अई कैनॉट ओबलाइज देम।'

बरनाला सम्भवतः अकेले ऐसे नेता थे जिन्होंने पलायन कर रहे हिन्दुओं से बातचीत करने का प्रयास किया था। सुरजीत सिंह बरनाला ने बुजुर्ग विधायक तारा सिंह लायलपुरी और कुछ अन्य वरिष्ठ राजनेताओं को प्रवासियों से बात करने के लिए भेजा। उनके साथ हरियाणा के डिप्टी स्पीकर वेदपाल भी शामिल हुए। उन्हें सफलता नहीं मिली। उसके बाद हिन्दुओं को वापस बुलाने के कोई प्रयास आज तक नहीं हुए। यह लोग पलायन कर गए लोगों के सवाल, 'क्या आप हमारे जीवन की सुरक्षा की गारंटी दे सकते हैं? 'का कोई जवाब नहीं दे पाये। अकाली नेता और पूर्व मंत्री जीवन सिंह उमरानंगल, जो खुलेआम भिंडरांवाले की आलोचना करते थे, ने राज्य छोड़कर गए हिन्दुओं को वापिस लाने के लिए अमृतसर से करनाल तक पैदल मार्च भी आरम्भ किया था।

हिंदू प्रवासियों को पंजाब सरकार की ईमानदारी पर संदेह था। आज भी हरियाणा के करनाल में अपना ठिकाना बना कर बैठे यह लोग कहते हैं, "हमने हर जगह पुलिस को बताया कि हम पंजाब से हरियाणा जा रहे हैं, लेकिन सरकार नहीं जागी, या जागना ही नहीं चाहती थी।" अब वह अपने जीवन का पुनर्निर्माण तो कर चुके हैं पर पुश्तैनी यादें पीछा नहीं छोड़ती। कई हिंदुओं ने दाढ़ी रखी और भगवा पगड़ी पहनना भी शुरु कर दिया था ताकि अपनी सम्पत्तियों व बहू-बेटियों को बचा सकें। पट्टी, अजनाला, खडूर साहिब, गोइंदवाल और अमृतसर से भी सैंकड़ों परिवार हरियाणा के शाहाबाद, पानीपत, समालखा, सिरसा, पिहोवा और करनाल में बसे।

आतंकवाद प्रभावित गुरदासपुर जिले के परिवार उत्तर प्रदेश के सहारनपुर, दिल्ली और हिमाचल प्रदेश के कस्बों की ओर रवाना हुए थे। लुधियाना के अनेक हिन्दू उद्योगपतियों, विशेषकर हौजरी उद्योग ,दिल्ली व हरियाणा, बटाला में फाउंड्री इकाइयां समालखा में स्थानांतरित हुई। इनमें अधिकांश प्रवासी हिन्दू मज़दूर काम कर रहे थे।

इस पुस्तक को लिखने के दौरान पाकिस्तानी सीमा के साथ लगते अनेक गांवों के लोगों से भी मिलने का अवसर मिला। इन लोगों ने भी एक दशक तक चला वह भयावह मंज़र नहीं भूला है। इन लोगों ने बताया कि उस समय उनके इलाकों में उग्रवादियों के समर्थकों का अंदाजा लगाना मुश्किल था। यहाँ शाम के समय खुले में बैठे कुछ वरिष्ठ नागरिकों ने बताया कि शाम 5:00 बजे के बाद उनके इलाकों में एक समानांतर सरकार होती थी व सूरज ढलने के बाद वह लोग घरों से बाहर नहीं निकलते थे। कोई नहीं जानता था कि कौन-कौन आतंकवादियों को समर्थन दे रहा है या किससे वह बंदूक की नोक पर समर्थन मांग लेंगे। सीमा पार से रात के समय होने वाली गतिविधियों को भी यह अपने घरों के झरोखों से देखा करते थे। कुछ ऐसी घटनाओं का भी ज़िक्र यहाँ लोगों ने किया जिसे सुनकर रोंगटे खड़े हो जाते हैं। इतना ही कहा जा सकता है कि उस दौर में इन इलाकों में महिलाओं की आत्महत्याओं के मामले भी बढ़ गए थे। आश्चर्य तो यह है कि किसी आयोग ने इसकी तो कभी जांच ही नहीं की।

पंजाब में उस समय चल रहे घटनाक्रम ने समाज को लगभग पूरी तरह से विभाजित कर दिया था। पीढ़ियों और दशकों से चली आ रही सिखों और हिंदुओं के रिश्तों में दरारें आने लगीं, जो आज तक पूरी तरह से भरी नहीं गई। हाल की घटनाओं में विदेशों में बैठे आतंकवादियों के जो बयान आ रहे हैं, उससे इन रिश्तों में फिर से अविश्वास पैदा हो रहा है। हिन्दुओं की सुरक्षा की चिन्ता तत्कालीन सरकारों ने की होती तो आतंकवादी गतिविधियों पर तभी लगाम लग जाती जब निरंकारी प्रमुख व लाला जगत नारायण, हरबंस लाल खन्ना आदि बड़े हिन्दू नेताओं की हत्या की गई थी। इंदिरा गांधी की हत्या के बाद सहानुभूति की लहर पर कांग्रेस को लोकसभा में भारी बहुमत मिला। इसके बाद प्रधानमंत्री बने राजीव गांधी ने पंजाब के तत्कालीन राज्यपाल अर्जुन सिंह की मध्यस्थता से अकालियों के साथ समझौता वार्ता शुरू की। परिणामस्वरूप 24 जुलाई, 1985 को तत्कालीन प्रधानमंत्री राजीव गांधी और अकाली दल के अध्यक्ष संत हरचरण सिंह लोंगोवाल ने पंजाब समझौते पर हस्ताक्षर किए। सरकार ने प्रमुख अकाली मांगों को स्वीकार किया और दूसरों की समीक्षा

करने का वादा किया। अगले ही दिन, 25 जुलाई, 1985 को भिंडरांवाला के पिता जोगिन्द्र सिंह के नेतृत्व वाले अकाली दल के एक धड़े ने इसे अस्वीकार कर दिया।

20 अगस्त, 1985 को लोंगोवाल की हत्या कर दी गई और यह समझौता लागू ही नहीं हुआ। हालांकि, पंजाब समस्या को हल करने के लिए इस समझौते को तब की कांग्रेस की केन्द्र सरकार सबसे बड़ी उपलब्धि मान रही थी, लेकिन आतंकवाद प्रभावित पंजाब के हिन्दू परिवारों का ज़िक्र इसमें भी नहीं था। इस समझौते में आतंकवाद के दौरान जिन लोगों की सम्पत्तियां नष्ट हुईं, उन्हें मुआवज़ा देने की बात अवश्य की गई थी। इसके अतिरिक्त, इसमें चंडीगढ़ को पंजाब में स्थानांतरित करने, एक आयोग गठित कर हिन्दी बोलने वाले प्रदेशों को पंजाब से हरियाणा में स्थानांतरित करने, एक स्वतंत्र न्यायाधिकरण की स्थापना, नदी जल विवाद को हल करने आदि मुख्य बिन्दु थे। इसमें सबसे महत्वपूर्ण था अखिल भारतीय गुरुद्वारा एक्ट बनाने पर सहमति। जबकि आतंकवाद के दौरान जो हिन्दू मंदिर तोड़े गए व हिन्दुओं की सम्पत्तियों को क्षति पहुंचाई गई या छीनी गई, उसके प्रबंध में कोई सहमति नहीं थी। स्पष्ट है कि उस वर्ष सितम्बर माह में होने वाले राज्य विधानसभा चुनावों पर ही राजनीतिक पार्टियों की नज़र थी, समझौते व सहमतियां भी उसी को देख कर बनीं। 20 अगस्त को, जिस दिन लोंगोवाल ने घोषणा की कि अकाली चुनाव में भाग लेंगे, आतंकवादियों ने उनकी हत्या कर दी। विधानसभा चुनाव भी अपने समय पर हुए व अकालियों को सरकार बनाने के लिए पूर्ण बहुमत मिला। सुरजीत सिंह बरनाला के नेतृत्व में सरकार बनी तो बरनाला ने आंतरिक कलह से अपनी सरकार बचाने के लिए आतंकवादी अपराधों के आरोपी बड़ी संख्या में रिहा किए। इनमें से अधिकांश ने आतंकवादी संगठनों को फिर से संगठित किया, जिससे आतंकवाद फिर सिर उठाने लगा। इसके बाद हिन्दुओं को बहुत नुकसान उठाना पड़ा। वर्ष 1987 में पंजाब में राष्ट्रपति शासन लगाया गया। वर्ष 1988 में केपीएस गिल को रिबेरो की जगह पर तैनात कर उन्हें राजनेताओं व तत्कालीन सरकारों का समर्थन दिया गया।

उक्त समझौते के अनुरुप जैसे ही जनवरी 1986 के अंत में चंडीगढ़ के स्थानांतरण की तारीख नजदीक आ गई, उत्तर भारत, विशेषकर पड़ोसी राज्य हरियाणा में हिंदुओं की प्रतिक्रिया के डर से, सरकार संकोच करने लगी अन्यथा इससे पूर्व सारी राजनीति की धुरी सिख राजनीति ही थी। अंततः, चंडीगढ़ को समझौते में निर्धारित तिथि पर स्थानांतरित नहीं किया गया व पंजाब के मुख्यमंत्री सुरजीत सिंह बरनाला कमज़ोर पड़े और उग्रवाद फिर से जीवित हो गया। अप्रैल 1986 में, आतंकवादियों

ने स्वर्ण मंदिर पर कब्जा कर लिया और खालिस्तान के गठन की घोषणा की। यह पहली बार था जब आतंकवादियों ने खुले तौर पर अपने अलगाववादी इरादों की घोषणा की। 1987 में बरनाला को बर्खास्त कर दिया गया और पंजाब में फिर से राष्ट्रपति शासन लगा दिया गया।

वैसे तो भारत एक संघीय गणराज्य है लेकिन संविधान केंद्र सरकार को असाधारण शक्तियां देता है जिसके तहत वह राज्यों में लोकतांत्रिक रूप से चुनी गई सरकारों को बर्खास्त कर (अनुच्छेद 356) सकता है। इसे केवल छह माह के लिए लगाया जा सकता है व तीन वर्ष तक इसकी अवधि बढ़ाई जा सकती है पर उसके लिए बार-बार संशोधन करना पड़ता है। पंजाब संविधान अनुच्छेद 356 को तीन साल से अधिक आगे बढ़ाने के लिए बार-बार संशोधन किये गये। राष्ट्रपति शासन के तहत सरकार अनुच्छेद 19 में नागरिकों के लिए सुनिश्चित संवैधानिक स्वतंत्रता, भाषण और आंदोलन की स्वतंत्रता का उल्लंघन कर सकती है। वास्तव में, 30 मार्च 1988 को प्रभावी संविधान के 59 वें संशोधन ने पंजाब में अनुच्छेद 21, जीवन का अधिकार को निलंबित करने का काम किया। संविधान के इस प्रतिकूल परिवर्तन को 63 वें संशोधन द्वारा निरस्त कर दिया गया, जो 6 जनवरी 1990 को प्रभावी हुआ, लेकिन 21 महीने तक पंजाब में व्यक्ति, विशेषकर हिन्दुओं व उनकी महिलाओं की सुरक्षा की कोई गारंटी नहीं थी।

वीपी सिंह सरकार ने 6 दिसंबर, 1989 को पद की शपथ ली व उनके प्रयासों से व्यापक भ्रम की स्थिति पैदा हुई, जिसने आतंकियों से कोई बातचीत करने से पहले ही आत्मसमर्पण कर दिया। नव नियुक्त गृहमंत्री की पुत्री का कश्मीर में अपहरण (11 दिसंबर, 1989 को) कर लिया गया व इसके कुछ दिनों बाद ही कश्मीर में पूरी तरह से विद्रोह शुरू हो गया। उस पर आज तक पूरी तरह से नियंत्रण नहीं पाया जा सका है। वहाँ भी विद्रोह का दर्द हिन्दुओं ने ही सहा। आज तक कश्मीर वापस जाने की प्रतीक्षा में अस्थाई घरौंदा में यह लोग बैठे हैं। चरमपंथी समझ गए कि भारत सरकार के पास आतंकवादी हिंसा के खिलाफ दृढ़ नीति लागू करने की न तो इच्छा शक्ति थी और न ही समझ। इस समय भिंडरांवाले की मौत को भी पांच वर्ष हो चुके थे पर आतंकवादियों से संबंधित खुले में काम कर रहे संगठनों ने अभूतपूर्व अलगाववादी अभियान शुरू किया।

प्रधानमंत्री चंद्रशेखर और वी.पी. सिंह की सरकारों ने आतंकवादियों से अपील करने की कोशिश की व सद्भावना के एकपक्षीय संकेत के रूप में 18 दिसंबर, 1990 को के.पी.एस. गिल का तबादला पंजाब से बाहर कर दिया। यहाँ तक कि इस समय

राज्य से अर्धसेना बल भी हटा लिए गए। केपीएस गिल के रहते राज्य में हिन्दुओं को कुछ राहत अवश्य मिली थी पर केन्द्र की कमजोर व गठबंधन सरकारों ने आतंकवादियों के साथ ही सद्भावना दिखानी शुरू कर दी।

वर्ष 1990-91 में पंजाब में प्रशासनिक तंत्र व प्रशासनिक अधिकरियों की विफलता के कारण आतंकवादी संगठनों का दबदबा ग्रामीण क्षेत्रों में बढ़ने लगा व वहाँ हिन्दुओं के लिए खतरा बढ़ने लगा। आतंकवादियों को सीमा पार से मिले हथियार, राज्य से बात करने से इंकार व प्रशासनिक तंत्र की विफलता ने आत्ततायियों को यकीन दिला दिया कि अलग राज्य का सपना वह पूरा कर सकते हैं। पंजाब में खालिस्तान की स्थापना को आसान होता देख अनेक आतंकवादी संगठनों ने भी इस दौर में जन्म लिया। आतंकवादियों ने संपादकों और पत्रकारों की हत्या करके सूचनाओं की सेंसरशिप सुनिश्चित की। आतंकवादियों को राज्य की अधिकांश बहुसंख्यक जनसंख्या व सीमा पार से पाकिस्तान का समर्थन प्राप्त था जिस कारण हिन्दुओं की आबादी का पलायन भी शुरू हो गया। हिंदुओं को निशाना बनाकर उन्हें उनके घरों से दूर भगाने में भी आतंकवादी सफल हो रहे थे। इस दौर में पंजाब के ग्रामीण इलाकों से हिन्दू पलायन कर शहरों की ओर हो लिए।

यह समय पंजाब में आतंकवादियों की जड़ें मज़बूत करने व हिन्दुओं के बड़े पैमाने पर पलायन का समय था। इसका सबसे बड़ा कारण कमज़ोर केन्द्र सरकार व राज्य सरकारें रहीं। कमज़ोर राजनीतिक इच्छाशक्ति से आज तक विश्व में कहीं भी उग्रवाद पर काबू नहीं पाया जा सका, पंजाब में भी यही हुआ।

यह वह कालखंड था जब निर्वाचित संसद सदस्यों ने 'खालिस्तान 'की खुलकर बात की। उग्र गतिविधियों के साथ आंदोलन और प्रदर्शनों का एक समन्वित और आक्रामक कार्यक्रम आतंकवादी गतिविधियों को बढ़ाने के साथ शुरू किया गया था। कमज़ोर राजनीति, धार्मिक कट्टरपंथी और हिन्दुओं को पंजाब छोड़ने की धमकियों के इस मिश्रण ने स्थिति को भयावह बना दिया। धड़ों में बंटा अकाली दल भी स्वयं को खालिस्तान के समर्थकों से अलग नहीं कर पाया।

जिन सिखों ने भारत की रक्षा के लिए मुसलमानों से लोहा लिया व गुरुओं ने कुर्बानियां दीं, सिखों ने 20 वीं शताब्दी की शुरुआत में अकालियों ने भारत को ब्रिटिश साम्राज्यवाद से मुक्त कराने के लिए लड़ाई लड़ी। अकालियों ने कुछ सविनय अवज्ञा मार्च और विरोध प्रदर्शनों के लिए भारतीय राष्ट्रीय कांग्रेस के साथ सहयोग किया। देश के बंटवारे का दर्द सहा व इसके बाद 1975 में देश में इंदिरा

गांधी द्वारा घोषित आपातकाल का सबसे कड़ा विरोध भी किया। उस दौरान अकालियों ने अकाल तख्त साहिब से 'लोकतंत्र बचाओ मोर्चा' शुरू किया। आपातकाल की अवधि के दौरान अकाल तख्त साहिब के प्रांगण से मोर्चा का आयोजन और संचालन किया गया। इतना ही नहीं आपातकाल का विरोध न करने पर पंजाब की तत्कालीन प्रकाश सिंह बादल सरकार को न छेड़ने का प्रलोभन भी इंदिरा गांधी से मिला पर अकालियों ने उसे ठुकरा दिया।

फिर ऐसी कौन सी परिस्थितियां थी कि अकाली दल भारत के विरोध में आवाज़ उठाने वाले कट्टरपंथियों का विरोध नहीं कर पाये? क्या खालिस्तान समर्थकों की बढ़ती ताकत से उन्हें यह अंदेशा होने लगा कि सिख राजनीति में उनकी पकड़ खत्म हो रही है। सम्भवतः यही कारण रहा होगा कि, 'सरबत दा भला 'का अनुसरन करने वाले अकाली हिन्दुओं के बचाव में खड़े नहीं हुए। क्या सिख तुष्टीकरण इसका मुख्य कारण था, या भिडरांवाले की धार्मिक कट्टरवादिता से जन्मा भय, या स्वर्ण मंदिर (सिखों के सबसे बड़े धार्मिक स्थल) पर शिरोमणि गुरुद्वारा प्रबंधक कमेटी के माध्यम से स्थापित वर्चस्व के खोने का डर था जिसके चलते अकाली नेता खामोश रहे। यहाँ तक कि वह भिंडरांवाले के आगे नतमस्तक होते भी देखे जाते थे। आपातकाल के खिलाफ सबसे प्रभावी बड़ी लामबंदी का आयोजन करने वाले अकाली नेतृत्व को जय प्रकाश नारायण, जॉर्ज फर्नांडीस और चंद्रशेखर जैसे आपातकाल विरोधी नेताओं का पूरा समर्थन भी मिला।

नब्बे के दशक में ही स्थिति में सुधार के उद्देश्य से या सिखों की वोटों पर नज़र रखते हुए केन्द्र की बैसाखियों पर चल रही राज्य सरकार ने सुरक्षा कर्मियों की बढ़ती संख्या को कम किया। अपरिपक्व राजनीति की इस रणनीति व आतंकवादी मोर्चा-संगठनों के एक अन्य समूह द्वारा आतंकवादियों को मानवाधिकार कार्यकर्ताओं के रूप में समर्थन दिया। प्रत्येक पुलिस ऑपरेशन के बाद सहानुभूति रखने वाले या समर्थक उग्रवादी राजनेताओं की फैक्ट फाइंडिंग कमेटियों का गठन किया गया। ऐसे समय में जब आतंकवादियों द्वारा एक महीने में औसतन 200 से अधिक हिन्दुओं की हत्या की जा रही थी, इन मानवाधिकार कार्यकर्ताओं ने सुरक्षा बलों पर ही अत्याचार करने के आरोप लगा दिए। एक भी संगठन इस समय तक हिन्दुओं पर हो रहे अत्याचारों के विरुद्ध न तो बोला, न ही उनके मानवाधिकारों की दुहाई दी।

अप्रैल, 1991 में केन्द्र सरकार ने घोषणा की कि पंजाब में संसदीय और राज्य विधानसभा के चुनाव एक साथ होंगे। दिसम्बर, 1991 को केपीएस गिल को वापस पंजाब में तैनात किया गया। जहाँ राज्य पुलिस एक ऐसे मुखिया की वापसी पर खुशी

मनाती है, जो सामने से नेतृत्व करता हुआ उनके लिए खड़ा होता है, तो नौकरशाही एक ऐसे पुलिस अधिकारी के वापस आने से परेशान थी, जो उनकी सत्ता को भी चुनौती दे सकता था। केंद्र का उन्हें वापस भेजने का उद्देश्य था लम्बे समय से लंबित चुनाव कराने के लिए जमीन तैयार करना। उन्हें केंद्र और सेना का स्पष्ट समर्थन देकर भेजा गया था। गिल ने आते ही उग्रवादियों के खिलाफ युद्ध छेड़ा और किसी भी क्षेत्र से अनावश्यक आधिकारिक हस्तक्षेप नहीं करने दिया। गिल को 11 महीने तक केन्द्र की चंद्रशेखर सरकार ने राज्य से बाहर भेज दिया था क्योंकि वह आतंकवादियों के साथ गुप्त रूप से बातचीत कर रही थी। गिल ने आते ही सबको यह बता दिया कि उनके जाने से पहले आतंकवादी 12 जिलों में सक्रिय थे, अब 15 जिलों में उनका जाल फैला हुआ है। गिल ने अमृतसर में जो योजना बनाई उसके तहत रोपड़, पटियाला, संगरूर, लुधियाना और जालंधर क्षेत्रों से आतंकवादियों को अमृतसर और गुरदासपुर जिलों में भगाया जहाँ कई मुठभेड़ें हुई। इससे आतंकवादी गुटों में ही विभाजन हो गया। एक गुट ने दमदमी टकसाल के प्रति निष्ठा के कारण चुनाव में भाग लेने का निर्णय लिया और दूसरा समूह पंथिक समिति (सोहन सिंह) से संबद्ध था, वह बहिष्कार करने के पक्ष में था। चंद्रशेखर सरकार ने पंजाब में अपना अंतिम जुआ खेला, जब उसने जून, 1991 के मध्यावधि चुनाव में राज्य को बाकी राज्यों के साथ खड़े होने का अवसर दिया। चुनाव इस तरह से हिंसक हो गए कि पंजाब के अलावा शेष देश में चुनावी प्रक्रिया पूरी हो गई। विधानसभा और लोकसभा चुनावों के लिए नामांकन दाखिल करने वाले 2146 उम्मीदवारों की एक बड़ी संख्या आतंकवादी संगठनों द्वारा प्रत्यक्ष व अप्रत्यक्ष रूप से समर्थित थे। जब तक नामांकन बंद नहीं हुए, तब तक चुनावों का आधिकारिक तौर पर बहिष्कार करने वाले समूहों ने भी अपने उम्मीदवारों को दांव पर लगाकर अपना दांव खेल दिया। 211 उम्मीदवारों के पास स्पष्ट आतंकवादी लिंक थे, और 34 उस समय सलाखों के पीछे थे। 41 उम्मीदवार पुलिस रिकार्ड में हिस्ट्रीशीटर थे, जिन्होंने राजनीतिक हत्या, अपहरण और हत्या सहित अपराध किए थे। अन्य 48 प्रमुख सूचीबद्ध आतंकवादियों के रिश्तेदार थे। अगर उस सूची का आज अध्ययन किया जाये तो स्पष्ट हो जायेगा कि हिन्दू नेता अपनी सुरक्षा को लेकर इस कदर डरे थे कि चुनाव मैदान में उतरने से भी कन्नी काट गए। इनमें से कुछ ने तो हिम्मत दिखाई पर उनका अंजाम सब जानते हैं।

कई उम्मीदवारों ने पुलिस सुरक्षा लेने से यह कह कर इनकार कर दिया कि वह सुरक्षा के लिए अपनी व्यवस्था करेंगे। उन्होंने अवैध रूप से सशस्त्र आतंकवादियों के बड़े समूहों को अपना 'अंगरक्षक 'बनाना शुरू कर दिया। इस बीच 27

उम्मीदवारों के जीवन को समाप्त किया गया। लुधियाना में गिल रोड पर गृह राज्य मंत्री (लुधियाना संसदीय सीट से चुनाव लड़ रहा था) के घुड़सवार दल पर हमला किया। इस दौरान 15 जून को 74 रेल यात्रियों का नरसंहार किया गया। राज्य में हो रहे कत्लेआम के बावजूद सेना को राज्य से हटा दिया गया और अर्ध-सैन्य बलों की संख्या में भारी कटौती की गई।

1991 के आम चुनावों के दौरान राजीव गांधी की हत्या की गई थी। कांग्रेस ने सहानुभूति की लहर पर सत्ता में वापसी की और नरसिम्हा राव ने प्रधानमंत्री पद की शपथ ली। 21 जून को नरसिम्हा राव के प्रधानमंत्री के रूप में शपथ लेने के बाद पंजाब में चुनाव कराने का निर्णय रद्द किया गया। प्रधानमंत्री पी.वी. नरसिम्हा राव से पहले की केन्द्र सरकारों ने पंजाब में शान्ति बहाली के लिए कई विकल्पों के साथ प्रयोग किये। पंजाब में राजनीतिक दल केवल प्रयोग करते रहे जबकि हिन्दू वहाँ से पलायन करते रहे। राजनीतिक विकल्पों में भी वोट की राजनीति के चलते केवल सिखों को केन्द्र में रख कर प्रयोग किए जाते रहे। हिन्दुओं को राज्य में हाशिये में धकेल दिया गया।

वर्ष 1992 तक पंजाब में आतंकवाद को लगभग कुचल दिया गया था पर हिन्दू-सिख एकता को तोड़ने की कोशिशें अभी भी जारी हैं। पंजाब में सत्ता में लम्बे समय तक भागीदार रहे शिरोमणि अकाली दल व भारतीय जनता पार्टी का राजनीतक तलाक होने के बाद राज्य में पुनः हिन्दू विरोधी आवाज़ें सुनाई देने लगी हैं।

शिरोमणि गुरुद्वारा प्रबंधक कमेटी (एसजीपीसी) की ओर से राष्ट्रीय स्वयंसेवक संघ (आरएसएस) के खिलाफ हाल ही में एक प्रस्ताव पारित किया है, जिसमें कहा गया कि संघ देश को हिन्दी राष्ट्र बनाने का प्रयास कर रहा है जिस पर भारतीय जनता पार्टी ने एतराज जताया है। भाजपा के राष्ट्रीय प्रवक्ता सरदार आरपी सिंह ने कहा कि, सच तो यह है कि एसजीपीसी पंजाब में सिखों का धर्मांतरण रोकने में विफल साबित हुई है। पंजाब में सिख परिवारों के ईसाई बनने के अनेक मामले हैं, लेकिन एक भी सिख के हिंदू बनने का कोई उदाहरण नहीं है। राजनीतिक मकसद से गुरुद्वारा प्रबंधक कमेटी ने आरएसएस के खिलाफ प्रस्ताव पास किया है। उन्होंने पूछा कि एसजीपीसी बताये कि पिछले दस साल में पंजाब में कितने मंदिर बने और कितने चर्च? सच तो यह है कि पंजाब में दस साल में एक भी नया मंदिर नहीं बना, लेकिन हजारों चर्चें बन गईं। इससे एसजीपीसी का दावा सरासर झूठा निकलता है।

अध्याय 3

पंजाब में पाक सहित विदेशों में बैठे खालिस्तान समर्थकों का छद्म युद्ध

भारत में लम्बे समय से छद्म युद्ध लड़ रहे पाकिस्तान को पंजाब में आतंकवाद को हवा देने में देर नहीं लगी। वर्ष 1980 से अफगानिस्तान में उपद्रव मचाने वाले पाकिस्तान को भारत में उपद्रव करने का यह अच्छा अवसर मिल गया। अफगानिस्तान में अपनाई नीति का उपयोग करते हुए उसने पंजाबी अलगाववादी आंदोलन को प्रोत्साहित करना शुरू कर दिया। सिख विद्रोह के लिए बाहरी समर्थन के संबंध में पूर्व पुलिस अधिकारी वेद मारवाह ने अपनी पुस्तक, 'अनसिविल वारस्-पैथोलॉजी ऑफ टैरोरिज्म इन इण्डिया', में लिखा कि, 'पाकिस्तान सरकार ने आतंकवादी शिविरों की स्थापना की, वहाँ सिखों को प्रशिक्षित किया गया, उन्हें सुरक्षित ठिकाने दिए गये। खालिस्तानी समर्थकों ने इनका नेतृत्व किया और हथियार और विस्फोटक प्रदान किए। पंजाब में उग्रवाद के समय पहले से ही हिंदुओं और सिखों के बीच अलगाव था व कई पुलिस अधिकारियों की भी आतंकवादियों के साथ सहानुभूति थी, जिस कारण पुलिस बल कमजोर बना और हिन्दुओं पर हो रहे हमलों पर मूकदर्शक बना रहा। कई घटनाओं में तो पुलिस बल आतंकवादियों से लड़ते समय अपने हथियारों को छोड़कर भाग गए।

पंजाब में हिन्दू-सिखों में टकराव पैदा कर आतंकवाद को भड़काने का काम पाकिस्तान ने तो वर्ष 1964 में ही शुरू कर दिया था। उस वर्ष पाकिस्तान के सरकारी रेडियो स्टेशन ने पंजाब में सिखों के लिए अलगाववादी रवैये को प्रसारित करना शुरू किया, जो भारत-पाक युद्ध, 1965 के दौरान भी जारी रहा। पाकिस्तान के तत्कालीन प्रधानमंत्री जुल्फिकार अली भुट्टो ने खालिस्तान के विचार का समर्थन किया ताकि वह अपने दश में अपना वर्चस्व कायम रख सके।

इतिहासकार हरजोत सिंह ओबेरॉय का शोध कहता है "सिख धर्म के लोगों का पंजाब के साथ लगाव 1940 के दशक से दिखना शुरु होता है। सम्भवतः उस समय ही सिखों को महसूस हो गया था कि पाकिस्तान में मुसलमानों का प्रभुत्व और है भारत में हिंदुओं का। कुछ इतिहासकारों ने खालिस्तान की जड़ें 1800 के दशक के अंत और 1900 की शुरुआत में ब्रिटिश औपनिवेशिक नीतियों में भी तलाश की हैं। इस दौरान ब्रिटिश राज के खिलाफ विद्रोह करने वाले हिंदू शासकों के खिलाफ लड़ने के लिए सिखों को फौज में भर्ती किया जाता रहा है। इसके बाद, 1947 में भारतीय स्वतंत्रता के बाद, पंजाब राज्य और केंद्र सरकार के बीच तनाव ने भी आग में घी का काम किया। सिखों द्वारा उनके खिलाफ धार्मिक रुप से किए जा रहे कथित भेदभाव के लगाये जा रहे आरोपों का कट्टरपंथी नेताओं द्वारा लाभ उठाया गया।

पंजाब के भीतर एक अलग राज्य के लिए ऐतिहासिक तथ्य जुटाना शुरू किये व मार्च 1946 में सिख समुदाय के अकाली दल का राजनीतिक दल के रुप में गठन किया व एक प्रस्ताव पारित कर पंजाब में स्वयं को धार्मिक समुदाय के रुप में स्थापित किया। 1970-71 में पंजाब से पलायन कर विदेशों में शरण लेने वाले सिखों के बीच खालिस्तान राज्य की धारणा प्रबल हो गई। माना जाता है कि खालिस्तान काउंसिल द्वारा वेस्ट लंदन में 1970 में खालिस्तान आंदोलन को वास्तविक रुप से शुरूआत की गई। पंजाब पर लिखे कई प्रकार के शोध पत्रों, सम्पादकीयों, पुस्तकों आदि में यह ज़िक्र भी मिलता है कि वर्ष 1954 में पंजाब से दविंदर सिंह परमार लंदन चले गए व 1970 के दशक में बर्मिंघम में खालिस्तानी झंडा उठाया। 1969 में, पंजाब विधानसभा चुनाव हारने के दो साल बाद पंजाब के नेता जगजीत सिंह चौहान खालिस्तान के निर्माण के लिए अपना अभियान शुरू करने के लिए इंग्लैंड चले गए। पंजाब, हिमाचल और हरियाणा के अलावा, चौहान के खालिस्तान के प्रस्ताव में राजस्थान के कुछ हिस्सों को भी शामिल किया था। ननकाना साहिब का स्थान पंजाब, पाकिस्तान में, जिसे जुल्फिकार अली भुट्टो द्वारा 13 अक्तूबर, 1971 में

खालिस्तान की राजधानी के रूप में प्रस्तावित किया गया था। यह बयान स्वयं चौहान ने दिए थे। इस संबंध में न्यूयार्क के एक अखबार में विज्ञापन देकर उसने प्रवासी भारतीयों से लाखों डॉलर एकत्र

किए जिसे भारत में अलगाववादी गतिविधियों में प्रयोग किया गया। इसके बाद वह इंग्लैंड आदि देशों का भी दौरा करता रहा व खालिस्तान की धारणा का प्रचार करता रहा। चोहान ने तो खालिस्तान के टिकट और मुद्रा भी जारी की व खालिस्तान हाउस नामक एक इमारत से संचालन करते हुए, कैबिनेट का गठन किया और खुद को खालिस्तान गणराज्य का अध्यक्ष घोषित किया। केन्द्र की विदेशों में बैठे आतंकवादियों को मुख्यधारा में जोड़ने की योजना के तहत बाद में उसे भारत लाया गया जहाँ कुछ वर्षों पहले उसकी मृत्यु हो गई।

पाकिस्तान में केवल कश्मीर का रोना रोकर पाकिस्तान की राजनीति में अपना अस्तित्व बचाये रखने वाले राजनेताओं के लिए पंजाब का मुद्दा तो सोने पे सुहागा हो गया था। तख्ता पलट कर सेना प्रमुख से प्रधानमंत्री बने ज़िया-उल-हक के समय में यह समर्थन और भी प्रमुख हो गया। खालिस्तान का समर्थन करने का मकसद 1971 में पाकिस्तान के विभाजन में भारत की भूमिका का बदला लेना था और सिख राज्य को विभाजित करके भारत की वैश्विक स्थिति को कमज़ोर करना था। पाकिस्तान की जासूसी एजेंसी इंटर-सर्विस-इंटेलिजेंस (आईएसआई) प्रमुख हामिद गुल ने पंजाब उग्रवाद के बारे में कहा था कि 'पंजाब को अस्थिर बनाए रखना पाकिस्तानी सेना के लिए भारत का विभाजन के बराबर है। '1980 के दशक की शुरुआत से पाकिस्तान की आईएसआई खालिस्तान आंदोलन से जुड़ गई। आईएसआई ने भिंडरांवाले के उग्र सिख अनुयायियों का समर्थन करने और उन्हें हथियार और गोला-बारूद की आपूर्ति के लिए अपने मुख्यालय में एक विशेष पंजाब सेल बनाया। इसके सशस्त्र आतंकवादी खुद को खाड़कू कहते थे, जिसका अर्थ खड़का ('शोर') से है।

जगजीत सिंह चौहान द्वारा जारी खालिस्तान की मुद्रा, झंडा व पास्पोर्ट।

पाकिस्तान में युवा खालिस्तानियों को प्रशिक्षित करने के लिए लाहौर और कराची में आतंकवादी प्रशिक्षण शिविर लगाए। आईएसआई ने अपनी फील्ड इंटेलिजेंस यूनिट्स को भारत-पाक सीमा पर तैनात किया। भिंडरांवाले टाइगर फोर्स, खालिस्तान कमांडो फोर्स, खालिस्तान लिबरेशन फोर्स और बब्बर खालसा प्रमुख विद्रोही समूह थे, जिन्हें सहायता प्रदान की गई थी। उस समय की भारतीय सुरक्षा एजेंसियों की विभिन्न रिपोर्टों के अनुसार आईएसआई ने भारत में पंथिक समिति को भी अपने साथ रखा था। इसके लिए पांच सदस्यीय पंथिक समिति का एक प्रतिनिधिमंडल चुना गया व शिरोमणि गुरुद्वारा प्रबंधक कमेटी को भी आईएसआई द्वारा अपील की गई थी। पंथक समिति ने सिखों की धार्मिक भावनाओं को भड़काने के लिए उन पर हुए अत्याचार की घटनाओं का खुलासा कर स्वायत्त सिख राज्य बनाने की मांग को हवा दी गई व भारत सरकार के खिलाफ हथियार उठाने के लिए उकसाना शुरू किया।

ह्यूमन राइट्स वॉच के अनुसार अस्सी के दशक की शुरुआत में पंजाब में सिख अलगाववादियों ने राज्य में गैर-सिखों पर हमला किया। ट्रेनों पर हमले किये गये और बसों से निकाले जाने के बाद लोगों को गोली मार दी गई। इन रिपोर्टों के अनुसार भारत व पाकिस्तान में गुरुद्वारों को इन आतंकियों के निवास और शस्त्रागार के लिए हथियार और गोला-बारूद के भंडारण के लिए इस्तेमाल किया गया था।

विदेशों में बसे सिखों को शामिल करना आंदोलन के लिए महत्वपूर्ण था क्योंकि यह राजनयिक और वित्तीय सहायता प्रदान कर सकते थे। इसने पाकिस्तान को आंदोलन में शामिल होने में सक्षम बनाया। यूके, कनाडा और अमेरिका के सिखों ने सैन्य और वित्तीय सहायता के लिए कैडरों के पाकिस्तान जाने की व्यवस्था की। विदेशों में कुछ सिख समूहों ने भी निर्वासन में खुद को खालिस्तानी सरकार के रूप में घोषित किया। सिख धर्म स्थान, गुरुद्वारों ने सिख समुदाय के लिए भौगोलिक और संस्थागत समन्वय प्रदान किया। सिख राजनीतिक गुटों ने राजनीतिक संगठनों के लिए एक मंच के रूप में गुरुद्वारों का इस्तेमाल किया है। गुरुद्वारों ने कभी-कभी धन उगाही करके खालिस्तान आंदोलन के लिए प्रवासी भारतीयों को जुटाने के लिए स्थल के रूप में कार्य किया। कभी-कभी संघर्ष और सिख इतिहास के एक शैलीगत संस्करण को बढ़ावा देकर अप्रत्यक्ष रूप से गतिशीलता प्रदान की गई थी। कुछ गुरुद्वारों के कमरों में सिख इतिहास के शहीदों के चित्रों के साथ खालिस्तानी नेताओं

के चित्र प्रदर्शित हैं। यहाँ से पंजाब से गैर सिख समुदाय को निकाले जाने के भी प्रवचन सुनाई देते रहे।

प्रवासी भारतीयों में सिखों के विभिन्न समूहों ने संचार की सुविधा के लिए अंतर्राष्ट्रीय बैठकों का आयोजन किया और संगठनात्मक व्यवस्था स्थापित की। अप्रैल 1981 में पहला सिखों का अंतर्राष्ट्रीय सम्मेलन न्यूयॉर्क में आयोजित किया गया, अप्रैल 1987 में, बर्कशायर के स्लू में आयोजित किया गया था, जहाँ खालिस्तान मुद्दे व गैर सिख लोगों पर चर्चा की गई। इनका उद्देश्य 'एथेनिकल क्लीनिंग 'था। विदेशों में बैठे सिखों ने सिख धर्म से जुड़े संस्थानों को बनाए रखने और उनके तोपखाने की विरासत को बनाए रखने के लिए अपने प्रयासों में वृद्धि की। इन प्रयासों का एक प्रमुख उद्देश्य गैर-सिख समुदाय को अलग कर एक अलग चेहरे को प्रचारित करना था, जो सिखों की पहचान हो व जिसे भारत सरकार स्वीकार करे।

उस समय राज्य में आतंकवाद फैलाने में नौ प्रमुख संगठनों और लगभग एक दर्जन से अधिक छोटे समूहों ने स्वतंत्र रूप से और कभी-कभी एक-दूसरे के साथ मिलकर काम करते हुए अधिकारियों, पत्रकारों और हिंदू नागरिकों को निशाना बनाया है। इसका विरोध करने वाले सिख भी उनके निशाने पर रहे। इनमें से प्रमुख समूहों को कमांड संरचना के साथ गुरिल्ला बलों जैसे संगठित किया गया था व वह स्पष्ट था कि इन्हें उच्चस्तरीय प्रशिक्षण मिला है। अन्य आपराधिक गिरोह के रूप में काम करते रहे जो जबरन वसूली और हथियारों की तस्करी में अधिक सक्रिय थे। उग्रवादियों ने नागरिकों, विशेषकर हिन्दुओं पर अंधाधुंध हमलों से गैर सिख लोगों को भयभीत भी किया। इस दौर में सिख राजनीतिक नेताओं और केंद्र सरकार के अधिकारियों द्वारा राजनीतिक समझौते पर बातचीत करने के प्रयासों को बहुत कम सफलता मिली।

ऑपरेशन ब्लूस्टार के दौरान सेना के खिलाफ लड़ने वाले सिख हर तरह की युद्ध कला में प्रशिक्षित थे। उनके पास गोला-बारूद की पर्याप्त आपूर्ति थी। ऑपरेशन ब्लूस्टार के बाद मंदिर परिसर के अंदर कई आधुनिक हथियार मिले, जिन पर पाकिस्तान या चीन के चिन्ह थे। आज भी पंजाब के अनेक आतंकवादी पाकिस्तान में शरण लिए हुए हैं अथवा पाकिस्तान के मार्ग से विश्व के कुछ अन्य देशों में पहुंच गये हैं। उस समय के सक्रिय आतंकवादी संगठनों की रणनीति लगभग वही थी, जो पाकिस्तान ने कश्मीर में अपनाई थी। वहाँ अल्पसंख्यक हिन्दुओं को डराकर अथवा मारकर राज्य से पलायन करने को विवश किया गया व पंजाब में भी पाकिस्तान ने यही रणनीति अपनाई।

अगस्त 1995 को, मुख्यमंत्री बेअंत सिंह को आत्मघाती बम विस्फोट में मार दिया गया था, जिसके लिए खालिस्तान समर्थक समूह बब्बर खालसा ने जिम्मेदारी का दावा किया। हालांकि, सुरक्षा अधिकारियों ने समूह की भागीदारी को संदिग्ध बताया। नई दिल्ली में संयुक्त राज्य अमेरिका के दूतावास द्वारा 2006 की एक प्रेस विज्ञप्ति ने संकेत दिया कि जिम्मेदार संगठन खालिस्तान कमांडो फोर्स हैं।

सुरक्षा एजेंसियों द्वारा भारत में हाल ही के वर्षों में गिरफ्तार किए गए सिख आतंकवादियों से की गई पूछताछ के बाद बनाई रिपोर्ट में पाकिस्तान में सिख युवाओं के प्रशिक्षण का विवरण दिया गया था, जिसमें राइफल के इस्तेमाल में हथियारों का प्रशिक्षण शामिल था। इसमें स्नाइपर राइफल, लाइट मशीनगन, ग्रेनेड, स्वचालित हथियार, रासायनिक हथियार, इमारतों और पुलों का विध्वंस, तोड़फोड़ और पाक-आधारित सिख आतंकवादी नेताओं और पाकिस्तानी सेना के अधिकारियों द्वारा बारूद का उपयोग कर विस्फोट करना शामिल था। भारतीय एजेंसियों की काउंटर इंटेलिजेंस रिपोर्ट में बताया गया था कि खालिस्तान आंदोलन के तीन प्रमुख शबेग सिंह, बलबीर सिंह और अमरीक सिंह ने 1981 से 1983 के बीच पाकिस्तान की अनेक बार यात्रायें कीं। इंटेलिजेंस ब्यूरो की उस समय की रिपोर्टों में यह भी कहा गया (समाचारपत्रों में छपी रिपोर्टों के अनुसार) कि जम्मू-कश्मीर व हिमाचल के कुछ गुरुद्वारों में हथियारों का प्रशिक्षण दिया गया। उस समय की रिपोर्टों के अनुसार कुछ विदेशी गुप्तचर एजेसियों ने भारतीय एजेंसियों को सीआईए और आईएसआई के साथ मिलकर पंजाब के लिए एक योजना पर काम कर रहे कोड नाम 'जिब्राल्टर 'के बारे में बताया। भारतीय एजेंसियों द्वारा पकड़े गए एक पाकिस्तानी सैन्य अधिकारी से भी यह जानकारी हासिल की थी। पूछताछ में यह जानकारी प्राप्त की कि पाकिस्तान सेना के एक हज़ार से अधिक प्रशिक्षित स्पेशल सर्विस ग्रुप के कमांडो को पंजाब में भेजा गया था ताकि भारत सरकार व पंजाब के हिन्दू समुदाय के विरुद्ध लड़ाई को आक्रामक बनाया जा सके। सम्भवतः यही कारण था कि पाकिस्तान के प्रशिक्षित आतंकवादियों के शामिल होने से हिन्दुओं के विरुद्ध हमले तेज़ हो गए।

वर्ष 1986 में तत्कालीन आंतरिक सुरक्षा मंत्री अरुण नेहरू ने लोकसभा को सूचित किया था कि सरकार के पास सिख आतंकवादियों के प्रशिक्षण में पाकिस्तान की संलिप्तता के स्पष्ट सबूत हैं। उन्होंने सदन को सूचित किया, सरकार के पास नाम, स्थान, प्रशिक्षण कार्यक्रम और पाकिस्तान ने इन आतंकवादियों को किस प्रकार की सहायता दी है, इसका विवरण है। उन्होंने सदन को बताया था कि सरकार ने पिछले

कुछ समय में 25 से 30 आतंकवादियों को पकड़ा है व उनसे पूछताछ के दौरान यह जानकारी मिली है कि उन्हें पाकिस्तान में प्रशिक्षित किया गया था और उन लोगों के विशिष्ट नाम दिए थे, जिनसे वे मिले थे। उन्होंने बताया था कि पूछताछ से पता चला कि ज्यादातर मामलों में पाकिस्तान के साथ शुरुआती संपर्क या तो अमृतसर के स्वर्ण मंदिर में या पंजाब के अन्य गुरुद्वारों में भर्ती एजेंटों के माध्यम से किया गया था। उनसे कहा जाता था कि उन्हें प्रशिक्षण के लिए सीमा पार करनी चाहिए और यह भी कि वह उन्हें पार करने में मदद कर सकता है। कुछ का संपर्क नांदेड़ में हुज़ूर साहिब में एक भर्ती एजेंट के साथ था, जिसने उन्हें यह भी बताया कि भिंडरांवाले जीवित हैं और पाकिस्तान में हैं। इस तथ्य को जनरल कुलदीप सिंह बराड़ ने सिरे से नकारते हुए कहा था कि उसका शव उसके परिजनो को सौंपा गया व उसके समर्थकों ने उसके अंतिम दर्शन भी किए।

फरवरी 2008 में, बीबीसी रेडियो ने पंजाब पुलिस के प्रमुख एनपीएस औलख का हवाला देते हुए कहा था कि आतंकवादी समूहों को ब्रिटिश सिख समुदाय से पैसा मिल रहा था। इसी रिपोर्ट में कहा गया कि आतंकवादी समूह पूरी तरह से प्रशिक्षित व हथियारों से लैस थे। औलख का हवाला देते हुए रेडियो ने कहा कि खुफिया रिपोर्ट और पूछताछ से संकेत मिलता था कि बब्बर खालसा अपने रंगरुटों को उन्हीं शिविरों में भेज रहा था जिसका इस्तेमाल पाकिस्तान में अल कायदा कर रहा था।

वर्ष 2017 में अमेरिका के 10 प्रमुख विशेषज्ञों की रिपोर्ट में बताया गया था कि किस प्रकार पाकिस्तान की सेना भारत को असंतुलित करने का काम कर रही है। रिपोर्ट के अनुसार पाक सेना कश्मीर विवाद पर अंतर्राष्ट्रीय समुदाय की मध्यस्थता के लिए भारत में गड़बड़ी फैलाने वाले आतंकवादी संगठनों की लगातार मदद कर रही है। रिपोर्ट में यह भी कहा गया है, 'पाकिस्तान का अपनी सुरक्षा और विदेश नीति के रूप में आतंकवादी समूहों का इस्तेमाल करना भारत के प्रति उसके षड्यंत्र का हिस्सा है। 'अ न्यू यूएस अप्रोच टू पाकिस्तान : एनफोर्सिंग एड कंडिशंस विदआउट कटिंग टाइज़ 'शीर्षक वाली रिपोर्ट के अनुसार, पाकिस्तान की सेना ने अक्सर भारत और पाकिस्तान सरकार के शांति प्रयासों को बाधित किया है।

इस रिपोर्ट में विशेष रूप से यह स्पष्ट है कि पाकिस्तान में सरकार की सहायता से चलाए जा रहे जेहाद का इस्तेमाल एक हथियार के तौर पर करता है व 26/11 के मुम्बई हमले उसके भारत पर चोट करने और उसे नुकसान पहुंचाने की रणनीतिक का स्पष्ट प्रदर्शन था। पाकिस्तान के कुछ राजनीतिज्ञों व सेना की रणनीति है कि अपने देश को सुरक्षित रखने के लिए भारत को कमजोर बनाना होगा। छद्मयुद्ध के

माध्यम से वर्षों से भारत में, विशेषकर सीमावर्ती पंजाब व कश्मीर में, अफरा-तफरी के हालात बनाकर ही वह अपने इरादों में कामयाब हो सकता है। धार्मिक भावनाओं का फायदा उठाकर तथा साम्प्रदायिक और जातीय आधार पर उन्माद भड़का कर पाकिस्तान भारत को आंतरिक रूप से कमज़ोर करने के प्रयास हमेशा करता रहा है। कश्मीर में हिन्दू-मुसलमान व पंजाब में हिन्दू-सिखों में दरार पैदा कर वह कुछ हद तक सफल भी रहा है। कश्मीर व पंजाब में भय का माहौल पैदा कर हिन्दुओं को पलायन के लिए विवश करना उसकी रणनीति का ही हिस्सा है। कश्मीर में 1989 में छद्म युद्ध छेड़ने से पहले, पाकिस्तान ने पूर्वोत्तर भारत के जनजातीय इलाकों का फायदा उठाया और पंजाब के असंतुष्ट नौजवानों का फायदा उठाकर उन्हें एक नया सिख राष्ट्र, खालिस्तान, बनाने के लिए युद्ध छेड़ने के लिए उकसाया।

2018 के लिए अमेरिकी कांग्रेस की जारी 'कंट्री रिपोर्ट्स ऑन टेरोरिज्म 'में उल्लेख किया गया है कि पाकिस्तान लश्कर-ए-तैयबा (एलईटी) और जैश-ए-मोहम्मद (जेएम) जैसे पंजाब स्थित आतंकवादी संगठनों को रोकने में विफल रहा है। इससे पहले विश्व में आतंकवाद को श्रेय देने के लिए पाकिस्तान की हो रही किरकिरी के चलते पाकिस्तान के वर्तमान प्रधानमंत्री इमरान खान ने तोरखम में बोलते हुए, अपने देशवासियों को जिहाद से लड़ने के लिए भारत जाने के खिलाफ कोरी चेतावनी भी दी थी, जिसमें कहा गया था कि इस तरह की कार्रवाई कश्मीरियों के साथ अन्याय करने के समान होगी। यह बयान एक पाकिस्तानी नेता द्वारा एक दुर्लभ स्वीकारोक्ति थी कि 740 किलोमीटर की नियंत्रण रेखा के साथ-साथ पंजाब में अंतर्राष्ट्रीय सीमा के उस तरफ से घुसपैठ एक सच्चाई है। इन वर्षों में सीमा पार करने वाले और भारतीय सुरक्षा कर्मियों द्वारा पकड़े गए अधिकांश पाकिस्तानी उग्रवादियों में एक बात समान है कि वह सभी पंजाब प्रांत के थे। प्रांत से उत्पन्न होने इन चरमपंथी समूहों को पाकिस्तानी सेना के समर्थन से तैयार किया जाता है।

अपनी पुस्तक, 'पाकिस्तान: ए मॉडर्न हिस्ट्री 'में ब्रिटिश इतिहासकार इयान टैलबोट ने पाकिस्तानी इतिहासकार मोहम्मद वसीम का हवाला देते हुए लिखा कि पांच लाख प्रवासियों (सीमा के साथ भारतीय पक्ष से भी) ने इस्लामी पार्टियों के लिए एक बड़ा समर्थन प्रदान किया और पाकिस्तानी पंजाब को आकार दिया है। इन प्रांतों के लोगों का भारत विरोधी और कश्मीर की ओर झुकाव भी पाकिस्तान के इरादों को पुख्ता करता रहा।

'खालिस्तान: ए प्रोजेक्ट ऑफ पाकिस्तान 'नामक रिपोर्ट में कनाडा के पत्रकार टेरी मिलेवस्की ने लिखा कि एक सिख मातृभूमि का विचार एक कल्पना है, जो केवल

खालिस्तान चरमपंथियों को पाकिस्तान के समर्थन के कारण सम्भव दिख रहा है। पंजाब में आतंकवाद को बढ़ावा देने और विदेशों में इस मुद्दे को जीवित रखने में इस्लामाबाद की भूमिका का विवरण देने वाली इस रिपोर्ट में उन्होंने लिखा, 'मेरा मानना है कि पाकिस्तान के बिना उनके (खालिस्तानियों) पास जीने के लिए ज्यादा कुछ नहीं होगा। यह सब बयानबाजी होगी, सभी प्रदर्शनकारी, बिना किसी ठोस आधार के है। पाकिस्तान तो खालिस्तानियों को यह भ्रम देता है कि उनका सपना सच हो सकता है। मिलेवस्की की रिपोर्ट ओटावा में थिंक टैंक मैकडोनाल्ड-लॉरियर इंस्टीट्यूट (एमएलआई) द्वारा जारी की गई थी। यह खालिस्तान मुद्दे में पाकिस्तान की भूमिका पर ध्यान केंद्रित करती है, जिसे उसने 1970 के दशक से हवा दी थी और आज भी जारी है।

पंजाब व कश्मीर में आतंकवाद का खामियाज़ा हिन्दुओं ने भुगता, अब ऐसी ही स्थिति पश्चिमी बंगाल के सीमावर्ती क्षेत्रों में दिखाई दे रही है। इन इलाकों में कभी हिन्दू लोगों का बाहुल था, जो आज अल्पसंख्यक हो गए हैं। आज भी कांग्रेस सहित कुछ अन्य दलों के नेता जिस प्रकार पाकिस्तान व उसके नेताओं का खुला समर्थन करते हैं, उससे तो यही कहा जा सकता है कि कांग्रेस ने अपनी राजनीतिक भूलों से कुछ नहीं सीखा। अब तो हालात यह है कि विपक्ष के प्रमुख नेता पाकिस्तान से वर्तमान सरकार को हटाने के लिए मदद मांगते हैं व सत्तारुढ़ दल को हिन्दूवादी करार देते हैं। इतना ही नहीं अब कांग्रेस ने जिसके सिर पर पंजाब के अध्यक्ष का ताज पहनाया है, उसे करतारपुर कॉरिडोर को खोलने के समय पाकिस्तान के सेना प्रमुख, जो भारत में आतंकवादियों को भेजने के जिम्मेदार हैं, से गले मिलते व वहाँ के वर्तमान नेता, इमरान खान की तारीफों के पुल बांधते सभी ने देखा व उससे अच्छा-खासा विवाद भी हुआ। पंजाब का हिन्दू तो अब यह मानने लगा है कि पाकिस्तान नेतृत्व समर्थक को पंजाब कांग्रेस का अध्यक्ष बनाकर कांग्रेस ने स्पष्ट कर दिया है कि सिख राजनीति में अपना वर्चस्व बनाये रखने के लिए वह किसी भी हद तक जा सकती है।

पंजाब के वर्तमान मुख्यमंत्री अमरिन्दर सिंह ने तो वर्ष 2017 में कनाडा के प्रधानमंत्री जस्टिन ट्रूडो से मिलने से इनकार कर दिया था। इसके करीब एक वर्ष बाद, 2018 में ट्रूडो ने सिंह को आश्वासन दिया कि उनका देश अलगाववादी आंदोलन के पुनरुद्धार का समर्थन नहीं करेगा। शिरोमणि अकाली दल के अध्यक्ष सुखबीर बादल को यह कहते हुए सुना गया कि यहाँ खालिस्तान कोई मुद्दा नहीं है

पर कनाडा में जस्टिन ट्रूडो की सरकार कुछ ऐसे नेताओं की बैसाखी पर है जो खालिस्तान का झंडा बुलंद करने वालों में हैं।

भारत में खालिस्तानी आंदोलन के सदस्य भले ही कम हो गए हों, लेकिन एक अलग खालिस्तान राज्य अभी भी विदेशों में बैठे, वहीं के नागरिक बन चुके, एक बड़े सिख वर्ग में जीवित है। उत्तरी अमेरिका और ब्रिटेन, कनाडा आदि में तो यह लोग आवाज़ भी उठाते रहते हैं। ऐसा प्रतीत होता है कि पिछले कुछ वर्षों में भारत में कुछ संगठनों द्वारा आक्रामक हिंदुत्व की राजनीति ने खालिस्तान समर्थक तत्वों को एक नया जीवन दिया है।

कुछ वर्ष पूर्व खालिस्तान समर्थकों द्वारा लंदन में कांग्रेस के पूर्व अध्यक्ष राहुल गांधी के एक कार्यक्रम को बाधित करना, दिल्ली सिख गुरुद्वारा प्रबंधक कमेटी के प्रमुख मनजीत सिंह जीके पर अमेरिका में हमला आदि कुछ ऐसी घटनायें हैं जो प्रमाणित करती हैं कि विदेशों में खालिस्तान के समर्थक इस कदर सक्रिय हैं कि वहाँ भी उनके विचार का विरोध करने वालों को नहीं छोड़ते। इससे पूर्व वर्ष 2012 में लेफ्टिनेंट जनरल कुलदीप सिंह बराड़ पर लंदन में जानलेवा हमला किया गया था। सार्वजनिक स्थल पर उनका गला काटने का प्रयास किया गया था। जनरल बराड़ वर्ष 1984 में अमृतसर में आप्रेशन ब्लूस्टार के मुख्य नायकों में शामिल हैं। वर्ष 1992-96 तक अमेरिका में भारत के राजदूत, पंजाब के पूर्व राज्यपाल व इंदिरा गांधी को आपातकाल लगाने की राय देने वाले सिद्धार्थ शंकर रे के विरुध भी अमेरिका में सिखों ने विरोध प्रदर्शन किया था।

आप्रेशन ब्लूस्टार की संरचना करने वाले तत्कालीन सेना प्रमुख अरुण श्रीधर वैद्य की भी हत्या की गई थी। 10 अगस्त 1986 को पुणे में राजेंद्र सिंह जी मार्ग स्थित बाज़ार से अपनी कार में वैद्य घर लौट रहे थे, तभी मोटरसाइकिलों और स्कूटरों पर कुछ हथियारबंद हमलावरों ने कार के आसपास घेरा बनाकर दो गोलियां वैद्य के सिर में कंधे पर मारी। अस्पताल पहुंचने पर उन्हें मृत घोषित किया गया। इस हमले में वैद्य की पत्नी भानुमती और उनके सुरक्षा गार्ड को भी गोलियां लगीं थी।

इस हत्याकांड से सिर्फ मुंबई और पुणे में ही सिखों के खिलाफ हिंसा नहीं भड़की बल्कि देश के कई हिस्सों में तनाव की स्थिति पैदा हो गई थी पर हमेशा की तरह कर्फ्यू लगा कर व कड़ी सुरक्षा व्यवस्था कर स्थिति को बेकाबू नहीं होने दिया। वैद्य को मरणोपरांत पद्मविभूषण से भी नवाज़ा गया। खालिस्तान कमांडो फोर्स ने ज़िम्मेदारी लेकर कहा था कि ऑपरेशन ब्लूस्टार का नेतृत्व करने की वजह से वैद्य

को मारा गया। इतना ही नहीं उनके हत्यारों सुक्खा व जिन्दा को तो फांसी की सज़ा सुनाई गई पर खालिस्तान समर्थकों ने उन पर फिल्म बना डाली। यह फिल्म भारत सरकार ने तो बैन कर दी पर विदेशों में कुछ स्थानों पर दिखाई गई। इससे यह स्पष्ट है कि खालिस्तान समर्थकों के हौंसले इस कदर बुलन्द थे कि उनका विरोध करने वाले, चाहे हिन्दू हों या सिख, सभी उनके निशाने पर रहते हैं। वैद्य की हत्या के दोषियों जिंदा और सुक्खा ने अदालत में कबूल किया था कि वैद्य को गोलियां उन्होंने मारीं लेकिन खुद को निर्दोष भी कहा था व तर्क दिया था कि "वैद्य ने ऐसा गुनाह किया था, जिसकी सज़ा सिर्फ मौत ही थी"।

मंजीत सिंह जीके पर हमले का समर्थन करते हुए सिक्ख समन्वय समिति (पूर्व), यूएसए के समन्वयक हिम्मत सिंह ने वहाँ के एक समाचारपत्र में बयान दिया था कि, 'हमारी समन्वय समिति ने फैसला किया है कि उन्हें अमेरिका के किसी भी गुरुद्वारे में बोलने की अनुमति नहीं दी जानी चाहिए। हमने देश में आने वाले भारतीय राजनयिकों और राजनेताओं के गुरुद्वारों में बोलने पर पहले ही प्रतिबंध लगा दिया है, वह यहाँ आकर लंगर खा सकते हैं और जा सकते हैं '।

कई आतंकवादी सिख समूह हैं, जैसे कि खालिस्तान परिषद, जो सिख समुदाय को संगठन और मार्गदर्शन प्रदान करता है, दुनिया भर में कई तरह के कार्यक्रमों का आयोजन करता है। यह संगठन भारत में तो विवादास्पद हैं, लेकिन सिख प्रवासी भारतीयों के बीच उनकी राजनीतिक उपस्थिति है। 1993 के दौरान इनमें से अधिकांश संगठनों को कुचल दिया गया था। हाल के वर्षों में बब्बर खालसा, अंतर्राष्ट्रीय सिख यूथ फेडरेशन, दल खालसा और भिंडरांवाले टाइगर फोर्स की सक्रियता पुनः दिखाई दी है। सिख प्रवासी भारतीयों के बीच हाल ही में खालिस्तान समर्थक भावनाओं में वृद्धि का संकेत सुरक्षा एजंसियों को मिले हैं। खालिस्तान समर्थक जर्सी में विश्व कप 2019 के दौरान भी झण्डे लेकर दिखाई दिए थे लेकिन उन्हें स्टेडियम से बाहर निकाल दिया गया था।

विदेश में अगर कहीं हिन्दुओं के समर्थन में आवाज़ उठी तो वह अमेरिका में थी। 'द हिंदू अमेरिकन फाउंडेशन 'ने हिन्दुओं के विरुद्ध बढ़ती हिंसा में अमेरिका में खालिस्तान आंदोलन को मिल रहे समर्थन के विरोध में अमेरिकी सरकार से अनुरोध किया था कि अमेरिका में कट्टरपंथी खालिस्तान समर्थकों के विरुद्ध कारवाई होनी चाहिए जो भारत में सक्रिय खालिस्तान आतंकवादी समूहों को वित्तीय सहायता प्रदान करते हैं। उन्होंने खालिस्तान समूहों से संबंध रखने वाले अमेरिकी समूहों और व्यक्तियों की साइटों पर नज़र रखने व आवश्कता पड़ने पर उन्हें बंद करने के लिए

सोशल मीडिया प्लेटफॉर्म और वेब प्रदाताओं के साथ सम्पर्क बनाने, पाकिस्तान की सरकार पर खालिस्तान आतंकवादी समूहों और अमेरिका स्थित खालिस्तान समर्थक लॉबिंग संगठनों के समर्थन को समाप्त करने के लिए दबाव डालने का अनुरोध किया था। इस फाउंडेशन ने भारत सरकार से भी अनुरोध किया था कि 1984 के सिख विरोधी दंगों के दौरान सिख नागरिकों की हत्याओं की योजना बनाने, उसमें भाग लेने या रोकने में विफल रहने के लिए जिम्मेदार अधिकारियों व राजनेताओं पर कारवाई होनी चाहिए। यह सिख संगठनों की सोच के विपरीत सोच थी कि हिन्दू संगठनों ने सिख दंगा पीड़ितों के लिए भी न्याय मांगा।

इस फाउंडेशन ने वर्ष 1984 में दिल्ली में हुए सिख विरोधी जनसंहार के पीड़ितों के परिवारों को प्रदान की जा रही आर्थिक सहायता को भी जारी रखने का अनुरोध भारत सरकार से किया। उन्होंने भारत में सक्रिय खालिस्तान आतंकवादी समूहों को वित्तीय और भौतिक सहायता प्रदान करने वाले अमेरिका के खालिस्तान समर्थकों की जानकारी साझा करने, भारत में सक्रिय खालिस्तानी उग्रवादी समूहों पर नकेल कसने और सोशल मीडिया और अन्य प्लेटफार्मों पर कट्टरपंथी खालिस्तान प्रचार का मुकाबला करने का भी भारत सरकार से अनुरोध किया।

इससे यह तो स्पष्ट है कि स्वाभाविक व धार्मिक मान्यताओं के अनुरुप अहिंसावादी हिन्दू केवल अनुरोध ही करता रहा, हिंसक होकर आतंकवादियों से मुकाबला कर माहौल को और बिगाड़ने के पक्ष में हिन्दू नहीं थे। ऑप्रेशन ब्लू स्टार के बाद हरमन्दिर साबिह की हालत देख हिन्दू भी उतना ही रोया था, जितने सिख रोये थे। दुख है कि हिन्दुओं के मंदिर तोड़ते हुए, उनके धार्मिक स्थलों को अपवित्र करते हुए यह दूसरे पक्ष ने नहीं सोचा।

ऑप्रेशन ब्लू-स्टार के बाद हरमन्दिर साहिब को देख कर हिन्दू भी व्यथित हुआ था।
(pintrest-India)

अध्याय 4

नौ आयोग व मानवधिकार आयोग, सूचना के अधिकार की भूमिका

संयुक्त राष्ट्र संघ ने 27 जनवरी, 1947 को एक आयोग गठित किया गया था, जिसकी सिफारिशों को उस समय संयुक्त राष्ट्र के सभी सदस्यों ने 10 दिसम्बर, 1948 को सर्वसम्मति से स्वीकार किया व अंतर्राष्ट्रीय स्तर पर 'मानवाधिकार 'के रूप में स्वीकार किया गया। उस समय विश्व में आतंकवाद की समस्या नहीं थी, न ही इसकी कल्पना की गई। अतः आतंकवाद के विरुद्ध विश्व में किए जाने वाले संयुक्त प्रयासों के संबंध में यह घोषणा पत्र खामोश है। मानवाधिकारों की घोषणा के सात दशकों बाद भी दुनियाभर में करोड़ों लोग संयुक्त राष्ट्र संघ द्वारा घोषित मानवाधिकारों से वंचित हैं।

भारत में सितम्बर, 1993 में राष्ट्रीय मानवाधिकार आयोग का गठन किया गया था। आयोग अपने गठन के करीब तीन दशकों बाद भी अपने दायित्वों को निभाने में कितना सफल रहा है, इस पर सार्वजनिक चर्चा होनी चाहिए। मानवाधिकार आयोग ने इस घोषणा पत्र की विसंगतियों को दूर करने व समयानुसार इसमें संशोधन करने के भी कोई सार्थक प्रयास नहीं किए। भारत के वर्तमान प्रधानमंत्री सत्तासीन होने के

बाद से ही संयुक्त राष्ट्र से वैश्विक आतंकवाद से निपटने की रणनीति बनाने का अनुरोध कर रहे हैं व कई राष्ट्रों ने इसका समर्थन भी किया है।

भारत में मानवाधिकार संगठनों की सक्रियता पंजाब के आतंकवाद के दौर में देखी गई जिसे सकारात्मक नहीं कहा जा सकता। इन संगठनों को पुलिस व सेना के जवानों की कारवाई तो नज़र आती है पर जब आतंकवादियों के विरुद्ध कारवाई होती है तो यह अक्सर उनके समर्थन में खड़े हो जाते हैं। 'अफजल हम शर्मिंदा हैं, तेरे कातिल जिन्दा हैं 'जैसे नारे भी ऐसे ही कुछ संगठनों ने इस देश में सुनाये। भारत के पूर्व मुख्य न्यायाधीश जस्टिस ए.एस. आनंद ने कहा था कि यह संगठन सुरक्षा बलों के अत्याचारों पर तो उंगली उठाते हैं पर आतंकवादी संगठन कश्मीर में जो कुछ कर रहे हैं, उस पर चुप रहते हैं। यह हकीकत भी है कि अगर कोई आतंकवादी या शरारती तत्व पुलिस अथवा सेना के हाथों मारा जाए तो मानवाधिकारवादी संगठन खूब हो-हल्ला मचाते हैं पर जब निर्दोष लोगों का यह नरसंहार करते हैं तो यह खामोश रहते हैं।

दशकों से हिन्दू पंजाब में आतंकवाद का दंश सहते रहे पर मानवाधिकार आयोग ने भी वर्षों तक मामला दर्ज नहीं किया। उन्हें यह दलील दी गई कि यह मामला मानवाधिकार आयोग के अधिकार क्षेत्र में नहीं आता। अंततः 7 जुलाई, 2020 में मानवाधिकार आयोग ने मामले का संज्ञान तो लिया पर आज तक उस पर कोई कार्रवाई नहीं हुई। भारत की केंद्र और राज्य सरकारें, जो राष्ट्रीय मानवाधिकार आयोग को गंभीरता से लेती हैं, वह आज तक समझ नहीं पाये कि क्यों आयोग ने मानवाधिकार उल्लंघन के मामलों से निपटने में कोई दिलचस्पी नहीं दिखाई। जेलों में बंद आतंकवादियों अथवा सुरक्षा बलों की कार्रवाई में मारे जाने वाले आतंकवादियों के मानवाधिकारों की चिन्ता में न केवल आयोग अपितु मानवाधिकारों के देश में ठेकेदार बने संगठन भी दिखाई देते हैं। पंजाब में उपलब्ध आंकड़ों पर भी नज़र डाली जाये तो सूचना के अधिकार के तहत भी अधिकतर लोग अथवा संगठन जेलों में बंद आतंकवादियों का ही ब्योरा मांगते हैं लेकिन आतंकवाद के दौर से लेकर आज तक मारे गए निर्दोष हिन्दुओं की खबर पूछने वाले तो उंगलियों पर गिने जा सकते हैं।

मामला दायर करने के लिए दिया गया प्रार्थना-पत्र

Vijay Singh Bhardwaj: NHRC has registered a case no I 428/19/0/2020 on the complaint regarding VIJAY SINGH BHARDWAJ I NHRC, New Delhi

To,
Sh. Prabhat Kumar, IPS
Director General (Investigation)
National Human Rights Commission
India
Subject: Massacres & Killings of Innocent Hindus during Terrorism in Punjab from 1983 to 1992

श्रीमान जी,

जैसा कि आप जानते ही हैं कि पंजाब में आतंकवाद के दौर में निर्दोष हिन्दुओं की निर्मम हत्याएं की गईं। गांवों और शहरों से हिन्दुओं को अपने घर जमीन-जायदाद छोड़कर दूसरे प्रदेशों में भिखारियों का जीवन व्यतीत करना पड़ा। आज तक आतंकवाद पीड़ित हिन्दू परिवारों को कोई इंसाफ़ नहीं मिला। आज तक किसी सरकार ने कोई न्यायिक जांच (Judicial Inquiry) नहीं करवाई, जिससे आतंकवाद पीड़ित हिन्दू परिवारों को इंसाफ मिल सके।

हिन्दू आप से जानना चाहते हैं कि पंजाब में भी हिन्दुओं की मौत के कौन जिम्मेदार हैं? क्या भारत का मूल निवासी हिन्दू मानवता की श्रेणी में आता है या नहीं? हमारी जानकारी के हिसाब से पंजाब में 1983-1992 के आतंकवाद के दौर में हिन्दुओं का नरसंहार हुआ, आतंकवाद के दौरान 33,000 हिंदुओं को मारा गया। लूटपाट, अपहरण, फिरौती, बलात्कार की हज़ारों घटनाएं हुईं। लाखों हिन्दू घर-बार छोड़कर उत्तर प्रदेश, राजस्थान, दिल्ली, मध्यप्रदेश, महाराष्ट्र, गुजरात जा कर बस गए। सबकी गिनती या आंकड़ा तो नहीं इकट्ठा कर सका। पर एक छोटा-सा प्रयास किया है, उस दौरान जिन हिन्दुओं की हत्याएं हुई हैं, उसकी कुछ जानकारी दे रहा हूं ताकि हम सबको पता चले क्या कुछ हुआ था। आपसे अनुरोध है कि इसकी जांच की जाए। जो पंजाब के हिन्दुओं की Human Rights की violations हुई हैं, उन दोषियों को सज़ा मिले।

वायस ऑफ हिन्दू
विजय सिंह भारद्वाज
Voice of Hindu
9877496459

Letter received from BHARDWAJ VIJAY SINGH has been diarised by NHRC as 64065/CR/2020. This diary number may be used for future reference, if any.
Thanks

Vijay Singh Bhardwaj: NHRC has registered a case no. 428/19/0/2020 on the complaint regarding VIJAY SINGH BHARDWAJ NHRC, New Delhi
Vijay Singh Bhardwaj: Vijay Singh bhardwaj
President
AntarRashtreya Hindu Prishad
Punjab
'Voice of Hindu'
Vijay Singh Bhardwaj: Letter received from BHARDWAJ VIJAY SINGH has been diarised by NHRC as 64065/CR/2020. - NHRC, New Delhi

Letter received by NHRC on 2/7/2020
Pincode - 140307

31 साल और 9 आयोगों के बाद इन मामलों की हुई जांचों में यह तो स्पष्ट है कि सांप्रदायिक हिंसा के पीड़ितों, विशेषकर हिन्दुओं को न्याय देने की किसी की इच्छा ही नहीं। सम्भवतः हर राज्य में अल्पसंख्यकों के मतों व हिन्दुओं को विभाजित कर खड़े होने वाले वोट बैंक के चलते यह राजनीतिक साजिश होती है। पंजाब डाक्यूमेंटेशन एंड एडवोकेसी प्रोजेक्ट (पीडीएपी) नामक गैर सरकारी संस्था ने करीब एक दशक तक की जांच के बाद पंजाब में 1980 से 1995 के दौरान लापता हुए युवाओं, झूठे पुलिस मुकाबले, पुलिस द्वारा घरों से उठा लिए गए लोग जो आज तक घर नहीं लौटे, की जिलेवार सूची तैयार की। संस्था की ओर से जारी रिपोर्ट में कहा गया है कि आतंकवाद के दौर में 8257 मामलों में गुम हुए लोगों का आज तक पता नहीं चला है। यह संस्था भी सुरक्षा बलों द्वारा मारे गए अधिकांश आतंकवादियों को न्याय दिलाने की बात करती है। हिन्दुओं के साथ हुए अत्याचार का ज़िक्र इस रिपोर्ट में नाममात्र का है। संस्था के पदाधिकारियों ने एक प्रेस वार्ता में बताया था कि संस्था को जांच के दौरान 22 जिलों की म्यूनिसिपल कमेटियों से यह रिकार्ड मिला है कि उक्त अवधि के दौरान भारी संख्या में लावारिस शवों का सामूहिक संस्कार भी किया गया। पीडीएपी ने अपनी रिपोर्ट में राष्ट्रीय मानवाधिकार आयोग की कार्यशैली पर भी उंगली उठाते हुए आरोप लगाया है कि आयोग ने पंजाब में सामूहिक कत्लेआम के मामले पर ढिलाई बरती। आयोग के समक्ष जिन 2097 मामलों का खुलासा मानवाधिकार कार्यकर्ता जसवंत सिंह खालड़ा ने 1995 में अमृतसर के तीन पुलिस जिलों के बारे में किया था, उन मामलों को आयोग ने पहले तो लटका दिया और बाद में अमृतसर से बाहर के हत्या के मामलों को सुनने से इंकार कर दिया। ह्यूमन राइट अलर्ट के बबलू लायथम

द्वारा मणिपुर के मामले में दायर की गई याचिका पर सुप्रीम कोर्ट ने सीबीआई को जांच के आदेश दिए थे। सीबीआई अब तक 90 केसों का खुलासा कर चुकी है। इसी मामले के आधार पर अब पंजाब के मामले को भी सुप्रीम कोर्ट ले जाने की तैयारी की जा रही है। सतनाम सिंह बैंस, ब्रिटेन में वकील और मानवाधिकार कार्यकर्ता हैं। वह पंजाब डॉक्यूमेंटेशन एंड एडवोकेसी प्रोजेक्ट (पीडीएपी) पर काम कर रहे हैं। इस सिविल सोसायटी ग्रुप की स्थापना 2008 में हुई थी। यह संस्था 1980 से 1990 के दशक में पुलिस और सुरक्षाबलों द्वारा किए गए उत्पीड़न के दस्तावेज एकत्र किए हैं व इनमें भी खालिस्तान आंदोलन के दौरान पंजाब में हिंसक वारदातों की घटनाओं को रोकने के लिए राज्य में चले आतंकवाद विरोधी अभियानों में हुए कथित मानवाधिकारों के उल्लंघन का उल्लेख किया है व डॉक्यूमेंट्री फिल्म

पंजाब डिसअपीयर्ड 1983-1985 में भी हिन्दुओं का ज़िक्र न होना आश्चर्यचकित करता है।

इस संबंध में विजय सिंह भारद्वाज ने मुझसे कहा कि 1980 से 1990 के बीच पंजाब में आतंकवाद के दौर में मारे गए हिन्दुओं की याद में उन्होंने यह प्रश्न खड़ा किया कि उस समय के आतंकवाद के दौर में 33,000 हिन्दुओं को खालिस्तान आंदोलन के नाम पर आतंकवादियों ने नरसंहार किया। पंजाब के गांवों में रहने वाले हिन्दुओं को या तो जान से मार दिया या घर-बार और खेती की जमीनें छोड़कर दिल्ली के पीरागढ़ी इलाके के शरणार्थी शिविरों में रहने के लिए मजबूर होना पड़ा। उन हिन्दू परिवारों की बूढ़ी औरतें, पुरुषों को मैंने सड़कों पर भीख मांगते देखा है। शहरों में रह रहे उद्योगपतियों को इसलिए अपने उद्योग छोड़कर हरियाणा, राजस्थान या किसी और प्रदेश में जाना पड़ा क्योंकि खालिस्तान के नाम पर बदमाश उनसे लाखों-करोड़ों रुपयों की फिरौती मांगते और उनके परिवार के लोगों पर हमेशा दहशत बना कर रखते। हिन्दुओं की बहन-बेटियों की इज्ज़त से ऐसे खिलवाड़ करते रहे जैसे 1947 में भारत के बंटवारे के समय पाकिस्तानी मुसलमानों ने की थी। वर्ष 1984 में इंदिरा गांधी की हत्या के बाद दिल्ली में हजारों सिखों का कांग्रेस के कार्यकर्ताओं ने नरसंहार किया व हिन्दुओं ने इसका विरोध किया। हिन्दूवादी संगठनों ने भी दोषियों को सज़ा दिलाने के लिए संसद के भीतर व बाहर आवाज़ उठाई। पंजाब में भाजपा की प्रदेश इकाई ने भी समय-समय पर अकालियों के साथ मिलकर दोषियों के विरुद्ध आवाज उठाई और अनेक सिख पीड़ितों को मुआवजे के रुप में पैसे व प्लॉट मिले। जिन हिन्दुओं का पंजाब में खालिस्तानी आतंकवाद के दौर में नरसंहार हुआ, बसों, ट्रेनों, घरों से निकाल-निकाल कर हत्याएं कीं, उनके घरों पर कब्जे कर लिये, उनके कारोबार को बर्बाद कर दिया और उन हिन्दुओं को भिखारियों का जीवन जीने के लिए मजबूर कर दिया, उनके लिए किसी भी राजनीतिक दल ने आवाज नहीं उठाई। पंजाब में भाजपा और अकाली दल की सरकारें भी आईं परंतु किसी नेता ने आतंकवाद पीड़ित हिन्दुओं के हत्यारों को पकड़ने के लिए या पीड़ित परिवारों को इंसाफ दिलाने या दिल्ली के सिख नरसंहार पीड़ित परिवार की तरह कोई मुआवजा दिलाने, कोई न्यायिक जांच की मांग करते या एसआईटी का गठन करने की मांग करते या पंजाब की विभिन्न सरकारों से हिन्दुओं पर हुए अत्याचारों के संबंध में श्वेत पत्र की मांग करते कोई नहीं दिखा।

गैर सरकारी संस्था 'ह्यूमन राईट्स वाच 'ने अपनी एक रिपोर्ट में अकेले दिल्ली के पीरागड़ी इलाके के रिफ्यूजी कैंम्प में 38,000 हिन्दुओं के शरण लेने का दावा किया

था व उन्होंने इसके लिए वहाँ के संरक्षक के बयान का हवाला दिया था। इस संस्था ने कहा कि अकेले पीरागढ़ी में इतने पंजाबी हिन्दू थे व अन्य कैम्पों की संख्या का उन्हें नहीं मालूम था। 'एशिया वाच 'के अनुसार वर्ष 1986 में करीब 15,000 हिन्दू परिवार पीरागढ़ी के रिफ्यूजी कैम्प में आये थे।

यहाँ आये हिन्दुओं के साथ क्या हुआ, इसका एक उदाहरण तो यह है कि वर्ष 1987 में स्थापित इस रिफ्यूजी कैम्प में पहली पक्की सड़क वर्ष 2015 में बनी। उसका भी उद्‌घाटन मुख्यमंत्री ने ऐसे किया, मानो इन पर कोई अहसान किया हो। ऐसा नहीं कि यहाँ रह रहे लोगों की राजनेताओं को याद नहीं आती- आती है पर चुनाव के आस-पास। यहाँ पंजाब से आकर जवानी से बुढ़ापे में प्रवेश कर चुकी महिलायें कहती हैं, 'वोटां च बड़े-बड़े नेता आके वोट तां मंग जांदे है तां ओनां दे हाल ते हंजू वी बहा जांदे है पर उसतों बाद सब भुल जांदे है। 'पीरागढ़ी में तीन दशकों से बैठी बूढ़ी औरतें भी अब राजनीति समझने लगी हैं।

आज भी पंजाब में आतंकवाद के दौरान प्रभावित हुए **35** हजार (अनुमानित) हिन्दू परिवार इंसाफ के लिए दर-दर की ठोकरें खा रहे हैं। आज भी यह भारत सरकार से पंजाब के आतंकवाद पीड़ित हिन्दू परिवारों का पूर्नवास करके, इन परिवारों को नानावटी आयोग की सिफारिशों के अनुसार अनुदान राशि देने की मांग कर रहे हैं पर कहीं कोई सुनवाई तो हो। यह लोग तो पंजाब में आतंकवाद को बढ़ावा देने, खालिस्तानी दहशतगर्दों को शह देने , खालिस्तानियों को संरक्षण देने व पंजाब में आतंकवाद के लिए जिम्मेदार लोगों के खिलाफ भी सख्त कार्रवाई की मांग करते रहे हैं पर चूंकि इनकी आवाज़ को सुनान ही गयाव दशतगर्दों के हौंसले भी बुलंद होते गए।

मानवाधिकार आयोग कई मामलों में स्वत: संज्ञान लेता है, लेकिन उनमें से अनेक मामलों में नतीजे नहीं आते। पंजाब में आतंकवाद से प्रभावित हिन्दुओं को तो आयोग ने इसके लिए भी योग्य नहीं माना। आयोग का सबसे बड़ा काम है संज्ञान ले व नोटिस जारी करे। मानवाधिकार आयोग को सुप्रीम कोर्ट भी 'बिना दांत वाला शेर ' कह चुका है। आयोग के पूर्व अध्यक्ष ने तो यह भी कहा था कि वह तो केवल सिफारिशें कर सकते हैं, आगे सरकार की इच्छा है उन सिफारिशों को मानना या अनदेखा कर देना। हाल ही में लॉकडाउन के दौरान आयोग ने स्वतः संज्ञान लेते हुए कुछ नोटिस जारी किए, लेकिन कार्रवाई होते अभी दिखी नहीं। ऐसे आयोग से पंजाब के पीड़ित हिन्दू क्या उम्मीद कर सकते हैं! मानवाधिकार आयोग में दर्ज मामलों की घटती संख्या भी उसके उद्देश्यहीन होने की ओर इशारा करती है।

आयोग में पिछले कुछ वर्षों में पुलिस व क़ानून प्रवर्तन एजेंसियों के विरुद्ध मामले लगातार बढ़ रहे हैं लेकिन अन्य मामलों की संख्या घट रही है।

इसके विपरीत पंजाब में आतंकवाद से जान हथेली पर लेकर लड़ने वाले सुरक्षा कर्मियों व पुलिस अधिकारियों व कर्मचारियों के विरुद्ध शिकायतें सुनने व उनके विरुद्ध लग रहे मानवाधिकार उल्लंघन के आरोपों की जांच करने में सबने तत्परता दिखाई। केपीएस गिल ने "द लिटिगेशन वेपन अगेन्सट द पुलिस एण्ड स्टेट" में लिखा है कि उन्होंने वर्ष 2002 में राष्ट्रीय मानवाधिकार आयोग के समक्ष पंजाब में सुरक्षा बलों द्वारा किए गए दुर्व्यवहार से इनकार किया। उन्होंने लिखा कि उनके लिए यह सुनिश्चित करने के लिए कदम उठाना आवश्यक था कि आतंकवादी प्रभावशाली युवाओं के लिए रोल मॉडल न बनें और उनका महिमामंडन और स्तुति न हो। राज्य के लिए यह सुनिश्चित करना आवश्यक था कि सांप्रदायिकता को प्रज्वलित करने के प्रयासों पर तुरंत काबू पा लिया जाये। पंजाब पुलिस ने मानवाधिकार कार्यकर्ताओं को पाकिस्तान की इंटर-सर्विसेज इंटेलिजेंस से भी जोड़ा व कहा कि मानव अधिकारों के मुद्दों के लिए जनता के संरक्षण, प्रचार और संवेदीकरण के क्षेत्र में काम कर रहे कुछ गैर-सरकारी संगठनों ने पंजाब पुलिस की छवि खराब करने के लिए दुष्प्रचार का अभियान चलाया है ताकि आईएसआई द्वारा डिजाइन और पोषित आतंकवाद जारी रहे। उन्होंने आयोग को भेजे पत्र में कहा कि फर्जी आरोपों पर बड़ी संख्या में रिट याचिकाएं दायर की जा रही हैं। मानवाधिकार कार्यकर्ता मनगढ़ंत तथ्यों को शामिल करके लोगों को बहला-फुसलाकर रिट याचिका दायर करने की धमकी भी दे रहे हैं। इस प्रकार पुलिस पूरी तरह से आतंकवादियों के खिलाफ अपना ध्यान नहीं दे पा रही है। तत्कालीन पुलिस महानिदेशक गिल ने पुलिस जवाबदेही के खिलाफ अभियान का नेतृत्व किया। उनके लेखन और भाषणों ने लगातार मानवाधिकार कार्यकर्ताओं को आतंकवादी या पाकिस्तान के आईएसआई के एजेंट के रूप में संदर्भित भी किया।

पंजाब में तो 'एशिया वॉच 'के प्रतिनिधिमंडल ने भी सरकारी बलों द्वारा गैर-न्यायिक हत्याओं की जांच की व अपनी रिपोर्ट में कहा कि सक्रिय सरकारी बलों ने व्यवस्थित रूप से अंतरराष्ट्रीय मानवाधिकार कानून के साथ-साथ आंतरिक सशस्त्र संघर्ष को नियंत्रित करने वाले युद्ध के कानूनों का उल्लंघन किया है। पंजाब पुलिस के सदस्य, केंद्रीय रिजर्व पुलिस बल और सीमा सुरक्षा बल के संघीय अर्धसैनिक बल और कुछ हद तक भारतीय सेना नागरिकों और संदिग्ध आतंकवादियों के व्यापक निष्पादन में लगी रही। इसके लिए उसने प्रत्यक्षदर्शियों की गवाहियां भी जमा की, जिन्हें सबूत के

तौर पर इस रिपोर्ट में शामिल किया गया। हर लापता मामले में 'एशिया वॉच 'ने जांच की कि पीड़ित को पहले पुलिस या अर्धसैनिक बलों ने हिरासत में लिया व बाद में उन्हें हिरासत में लिए जाने से इनकार कर दिया था।

इस रिपोर्ट में एक लम्बी सूची उन सिख युवाओं, इसमें कुछ एक हिन्दू भी शामिल हैं, भी शामिल की गई, जिन्हें पुलिस ने या तो मुठभेड़ों में मार दिया या फिर घरों से, शैक्षणिक संस्थानों से उठाकर गायब कर दिया। यह भी दुर्भाग्यपूर्ण है पर 'एशिया वाच 'ने भी उन हिन्दुओं की सूची नहीं बनाई जिन्हें आतंकवादियों ने मारा, उठा कर ले गए, प्रताड़ित किया, बंधक बनाया या यातनायें देकर मार डाला। इनमें महिलायें भी शामिल हैं।

पटियाला में छबील लगाकर बैठे हिन्दू अबोध बालकों का बम विस्फोट में मरना व सड़कों पर बिखरे उनके चीथड़ों को देख कर उनके माता–पिता व हर किसी का क्रंदन भी इन मानवाधिकारों के ठेकेदारों को दिखाई नहीं दिया।

अखिल भारतीय आतंकवाद पीड़ित एसोसिएशन के राष्ट्रीय प्रधान डॉ बीआर हस्तीर . का दावा है कि पंजाब में एक दशक से भी अधिक समय तक चली आतंकवाद की आंधी में करीब 50 हजार हिंदूसिख परिवार प्रभावित हुए थे। अगर सरकारी - आंकड़ों की बात करें तो यह तादाद32,514 रही है। उनका दावा है कि इस दौरान 17,420 परिवारों ने पलायन किया था। पंजाब में प्रभावित होने वालों में 60 प्रकर्मियों के परिवारों को एक किस्त में एकएक लाख रुपए दिए गए। कुछ लोगों को ही - नौकरी दी गई, बाकी के लोग अभी भी धक्के खा रहे हैं। वह सरकारी अध्यापकों व तकनीकी अधिकारियों का आंकड़ा सम्भवतः जुटा नहीं पाये। पंजाब में मारे जाने वाले अधिकांश कर्मचारी भी हिन्दू थे या वे लोग थे जो हिन्दुओं के पक्ष में बोल रहे थे। सरकारी कर्मचारियों व बसों आदि से निकाल कर मारे गए लोगों का कोई पुख्ता प्रमाण न होने के कारण इन परिवारों को रेड-कार्ड से भी वंचित रखा गया।

वर्ष 2005 में संसद में नानावती रिपोर्ट पेश होने के समय केन्द्र सरकार ने दिल्ली दंगा पीड़ितों के लिए पैकेज घोषित किया था, उसमें भी पंजाब के आतंकवाद पीड़ीत हिन्दुओं को शामिल ही नहीं किया गया। इस रिपोर्ट में आतंकवाद पीडितों को कुछ अनुदान देने की बात अवश्य की गई व पंजाब का हिन्दू आज भी मांग ही कर रहा है कि इस रिपोर्ट के अनुसार ही उन्हें कुछ अनुदान दिया जाये।

पंजाब में तो सूचना के अधिकार के तहत रेड-कार्ड न दिए जाने अथवा उसे दिए जाने के मानदण्डों के संबंध में सैंकड़ों आवेदन दिए गए पर किसी को संतोषजनक

उत्तर नहीं मिला। इनमें से कुछ ने तो अदालत के द्वार भी खटखटाये पर मामले लम्बित हैं।

सूचना के अधिकार के तहत आयोग से पूछे गए सवालों में-

" The Government of Punjab is providing various types of facilities and benefits to Riot and Terrorist affected families; please provide me the following record and instructions in this regard: -

1. Provide detailed information and instructions of the Govt. of Punjab that which type of facilities and benefits are required to be passed to the Riot and Terrorist affected families and which officials are responsible for passing of these facilities and benefits to these families.

2. Provide complete list of Terrorist affected families along with addresses to whom pension is disbursed by the Govt. of Punjab along with their Red Card numbers.

3. Provide complete list of Riot affected families along with addresses to whom pension is disbursed by the Govt. of Punjab along with their Red Card numbers.

4. Provide specific number of red cards which is to be issued to each terrorist affected families to whom pension is being disbursed. If Red card is not issued to each family, then which officials are responsible for non-issuance of the same even after lapsing of number of years and also advise which type of formalities are required to be completed for obtaining Red Card?

5. Provide specific number of red cards which is to be issued to each riot affected families to whom pension is being disbursed. If Red card is not issued to each family, then which officials are responsible for non-issuance of the same even after lapsing of number of years and also advise which type of formalities are required to be completed for obtaining Red Card?

6. Provide record and specific information that Govt. service provided to any member of each terrorist affected families or on selected basis and also provide names and addresses of those terrorist affected families to whom still not provided any Govt. service and what are the reasons behind for non-providing of Govt. service.

7. Provide record and specific information that Govt. service provided to any member of each riot affected families or on selected basis and also provide names and addresses of those terrorist affected families to whom still not provided any Govt. service and what are the reasons behind for non-providing of Govt. service.

8. Provide specific information and instructions that in case of non-providing of any Govt. service to family member of riot or terrorist affected families then how much pension / subsistence allowance is being paid to victim family / dependent wife or mother / father etc.

9. Provide specific information and instructions that in case of providing of any Govt. service to family member of riot or terrorist affected families then how much pension / subsistence allowance is being paid to victim family / dependent wife or mother / father etc.

10. Please provide specific information that whether it is not statutory duty of the Govt. of Punjab to provide Red Card to each terrorist and riot affected families? If yes, which steps do you propose for ensuring that each family should get the Red Card within specified time. If no, provide such instructions.

11. Please provide specific information that whether it is not statutory duty of the Govt. of Punjab to provide Govt. service to each terrorist and riot affected families? If yes, which steps do you propose for ensuring that each family should get Govt. service within specified time. If no, provide such instructions of the Govt."

इस तरह के सवाल पूछे गए पर किसी को भी संतोषजनक उत्तर नहीं मिला। अगर रिकार्ड देखा जाये तो इस तरह के अधिकांश आवेदन हिन्दुओं द्वारा ही दिए गए।

अध्याय 5

'एमिनेस्टी इंटरनेशनल 'की हिन्दू विरोधी भूमिका

ऐसी रिपोर्टों कों आधार बनाया था एमिनेस्टी इंटरनेशनल ने अपनी रिपोर्ट के लिए

THE TRIBUNE

AISSF Gen Secy shot dead

ady for TV debate

10 militants, ASI among 17 killed

3 militants killed, bank looted

Seven of family shot

'एमनेस्टी इंटरनेशनल 'पंजाब में विभिन्न सशस्त्र समूहों सहित किसी भी व्यक्ति द्वारा कैदियों को यातनायें देने या उनकी हत्यायें करने की निंदा करता रहा। अपनी एक रिपोर्ट में 'एमिनेस्टी इंटरनेशनल 'ने लिखा कि किसी भी प्रकार लोगों की हत्याओं को उचित नहीं ठहराया जा सकता है, चाहे अपराधी सरकारें हों या उनका विरोध करने वाले लेकिन हिन्दुओं की हत्याओं पर कोई टिप्पणी नहीं की गई। रिपोर्ट में कहा गया कि सरकारों के पास मानवाधिकारों को बनाए रखने और उनकी रक्षा करने का एक विशिष्ट दायित्व है व सशस्त्र गैर-सरकारी समूहों (आतंकवादियों) की हत्या की भी नैतिक या कानूनी रूप से औचित्य नहीं है। इस तरह के कृत्य विशेष रूप से निंदनीय हैं जब व्यक्ति पूरी तरह से विवेकपूर्ण विचारों की शांतिपूर्ण अभिव्यक्ति कर रहे हों। पंजाब में शान्तिपूर्ण अभिव्यक्ति कहाँ थी, यह तो रिपोर्ट पढ़कर समझ नहीं आया।

रिपोर्ट में कहा गया कि इस तरह की प्रथाओं को न केवल भारतीय कानून और खुद संविधान में प्रतिबंधित किया गया है, बल्कि वे अंतर्राष्ट्रीय कानून के बुनियादी सिद्धांतों का भी उल्लंघन है। यह सिद्धांत अंतर्राष्ट्रीय मानवाधिकार मानकों द्वारा बनाए गए हैं और विशेष रूप से सरकारों को संबोधित किए गए हैं। वह देश, जिन्होंने नागरिक और राजनीतिक अधिकारों पर अंतर्राष्ट्रीय करार पर हस्ताक्षर किए हैं, वह नागरिक तथा राजनीतिक अधिकारों पर अंतर्राष्ट्रीय प्रण (आईसीसीपीआर) का सम्मान करने और सुनिश्चित करने के लिए बाध्य हैं। आईसीसीपीआर कड़ाई से परिभाषित परिस्थितियों में भी कुछ अधिकारों में ढील बरतने की अनुमति देता है। उसके लिए यह निर्धारित होना चाहिए कि आपातकालीन समय में भी राष्ट्र जीवन के अधिकार और यातनाओं से नागरिकों को मुक्त रखे। भारत ने इन मानकों का पालन करने के लिए कानूनी दायित्व स्वीकार किया जब उसने आईसीसीपीआर पर हस्ताक्षर किए जिससे अंतर्राष्ट्रीय समुदाय को स्पष्ट रूप से कहा गया कि भारत इन मूलभूत मानवाधिकारों को बनाए रखने और उनकी रक्षा करने के लिए बाध्य है। इस रिपोर्ट में बताया गया है कि कैसे भारत सरकार लगातार मानवधिकारों को सुरक्षित करने में विफल रही है। भारत के मानवाधिकार रिकॉर्ड की हाल ही में मानवाधिकार समिति द्वारा जांच की गई। आईसीसीपीआर को राज्य के पक्षकारों द्वारा चुने गए 18 पुरुष और महिलाओं ने अपने पहले चालीसवें सत्र में आईसीसीपीआर के कार्यान्वयन की निगरानी करने वाले स्वतंत्र विशेषज्ञों के रूप में कार्य किया। 26 और 27 मार्च, 1991 को न्यूयॉर्क में बैठक में समिति के कई सदस्यों ने चिंता व्यक्त की कि आईसीसीपीआर में सुनिश्चित अधिकारों की संख्या, विशेष रूप से जीवन का अधिकार, यातना से मुक्ति (दोनों गैर-अपमानजनक अधिकार) के रूप में साथ ही

मनमाने ढंग से हिरासत में नहीं लिए जाने और निष्पक्ष मुकदमे के अधिकार को भी प्रभावी ढंग से संरक्षित नहीं किया गया। समिति के सदस्य विशेष रूप से चिंतित थे कि भारत में विशेष कानूनों के प्रावधान (और इस रिपोर्ट के अध्याय VI में वर्णित हैं), आतंकवादी और विघटनकारी गतिविधियां (रोकथाम) अधिनियम-1987, राष्ट्रीय सुरक्षा अधिनियम और सशस्त्र बल (पंजाब और चंडीगढ़) विशेष अधिकार अधिनियम, न केवल भारतीय संविधान और कानूनों में प्रदान की जाने वाली गारंटी है, बल्कि आईसीसीपीआर में प्रदान किए गए कई अधिकारों से भी मिलता है, जिसे भारत बरकरार रखने के लिए बाध्य है।

'एमिनेस्टी इंटरनेशनल 'की पंजाब के संबंध में रिपोर्ट में कहा गया कि पंजाब में आतंकवाद, 1983 के दौरान हजारों लोग पुलिस और सुरक्षा बलों द्वारा उस समय गिरफ्तार किए गए जब सशस्त्र सिख विरोधी संगठन पंजाब में स्वतंत्र सिख राज्य (खालिस्तान) की मांग कर रहे थे। रिपोर्ट में कहा गया कि सामान्य कानूनी सुरक्षा उपायों को निलंबित करने वाले विशेष कानून के प्रावधानों के तहत कैदियों को बिना किसी मुकदमे के महीनों या वर्षों तक हिरासत में रखा जाता रहा व उन्हें पूछताछ के दौरान यातनायें दिए जाने की भी जानकारी है। रिपोर्ट के अनुसार पूछताछ के लिए पकड़े गए लोगों के गिरफ्तारी के रिकॉर्ड या तो पुलिस द्वारा नहीं रखे गए हैं या न्यायिक अधिकारियों या रिश्तेदारों द्वारा पूछे जाने पर उनके अस्तित्व को नकार दिया गया। कुछ मामलों में, पुलिस ने बताया कि संबंधित लोगों को सशस्त्र 'मुठभेड़ों 'में मार दिया गया था। अन्य मामलों में, पुलिस ने आखिरकार गिरफ्तारियों को स्वीकार कर लिया, लेकिन दावा किया कि बंदी 'बच गए 'थे। करोड़ों लोग बस 'गायब 'हो गए पर सुरक्षा बलों ने यह मानने से इनकार कर दिया कि उन्हें कभी गिरफ्तार किया गया था। रिपोर्ट में आशंका जताई गई कि उनमें से कई हिरासत में मारे गए होंगे। ये मानवाधिकार उल्लंघन सशस्त्र सिख समूहों द्वारा किए गए हिंसा के बड़े पैमाने पर कृत्यों के संदर्भ में किए गए हैं।

इस रिपोर्ट में वर्णित है कि अक्सर, लोगों को इस संदेह पर गिरफ्तार किया गया है कि वे सशस्त्र सिख विरोधी समूहों से जुड़े हैं। कुछ मामलों में, माता-पिता, संदिग्धों के भाइयों या बहनों को उनके रिश्तेदारों के ठिकाने या गतिविधियों के बारे में जानकारी निकालने के लिए मनमाने तरीके से उन्हें हिरासत में रखा जाता रहा व और प्रताड़ित किया गया। इस रिपोर्ट में 17 साल की लड़की और 60 साल के व्यक्ति की यातना संबंधी गवाही शामिल हैं पर निर्दोष हिन्दुओं को मारे जाने के

संबंध में न तो किसी की रिपोर्ट पर संज्ञान लिया गया, न ही स्वतः कोई संज्ञान लिया गया।

'एमनेस्टी इंटरनेशनल 'के प्रवक्ता ने आरोप भी लगाया था कि पंजाब में मानवाधिकारों के उल्लंघन की रिपोर्ट को सत्यापित करने या संबंधित राज्य के अधिकारियों के साथ चर्चा करने के लिए उन्हें पंजाब जाने की अनुमति नहीं दी गई। रिपोर्ट में कहा गया कि प्रधानमंत्री राजीव गांधी की सरकार (1984 से 1989 के अंत तक), ने पंजाब में 'एमनेस्टी इंटरनेशनल 'को जाने की अनुमति नहीं दी। इसके बाद आये प्रधानमंत्री विश्वनाथ प्रताप सिंह की राष्ट्रीय मोर्चा गठबंधन सरकार 1 जुलाई, 1990 में घोषणा की कि 'एमनेस्टी इंटरनेशनल 'के प्रतिनिधि निजी यात्राओं के लिए भारत आ सकते हैं या सरकार से मिल सकते हैं, इस तरह की बैठकों के लिए कोई तारीख तय नहीं की गई थी, और न ही 'एमनेस्टी इंटरनेशनल 'को पंजाब जाने की अनुमति दी गई। नवंबर, 1990 में वीपी सिंह सरकार गिर गई। 'एमनेस्टी इंटरनेशनल 'के प्रतिनिधियों ने दिसंबर, 1990 में नई दिल्ली में मानव अधिकारों पर विश्व कांग्रेस में भाग लिया व उस दौरान कैबिनेट सचिव और विदेश सचिव से मुलाकात की व उन्हें पंजाब जाने की अनुमति तो दी पर सुरक्षा की स्थिति के चलते वह पंजाब की यात्रा नहीं कर सके। लगातार अनुरोध करने के बावजूद जब 'एमिनेस्टी इंटरनेशनल 'को पंजाब जाने की अनुमति नहीं मिली तो उसने सूचनाओं के आधार पर एकत्र जानकारी को ही सार्वजनिक करने का निर्णय ले लिया।

वर्ष 1986 के बाद से ही लगातार समाचार छपते रहे कि पुलिस ने आपराधिक तत्वों के साथ पूर्व या सेवारत पुलिसकर्मी, आतंकवाद विरोधी अभियानों में हिरासत में लिए गए अलगाववादियों को अपने गुप्तचरों के रूप में इस्तेमाल करना शुरू किया ताकि आतंकवादी समूहों के बारे में खुफिया जानकारी प्राप्त कर सके और पहचाने जाने वाले संदिग्ध नेताओं को गिरफ्तार करें। सभी रिपोर्टों से संकेत मिलता है कि उन्हें इस काम के लिए लाइसेंस दिये गये थे। सितंबर, 1988 में एक पत्रिका को दिए साक्षात्कार में पंजाब के पूर्व पुलिस महानिदेशक जे.एफ. रिबेरो ने कवर एजेंटों के तहत पुलिस के काम करने को स्वीकार किया था। इसके बाद यह समाचार भी आये कि इन्हीं एजेंटों ने लोगों को परेशान करना भी शुरू कर दिया था। उदाहरण के लिए, बटाला के टांडे गांव के पूर्व सशस्त्र अलगाववादी जसविंदर काला, जो एक पुलिस में शामिल हो गया था, ने 11 लोगों की एक निजी सेना खड़ी की और पुलिस की सूची में शामिल 12 से अधिक आतंकवादी नेताओं को मारने या गिरफ्तार करने के बाद खुद को गोली मार ली थी।

'एमिनेस्टी इंटरनेशनल 'ने लोगों द्वारा दी गई गवाहियों के बाद अपनी रिपोर्ट में कहा कि पुलिस अधिकारी भी कभी-कभी ग्रामीणों से पैसे निकालने के लिए सशस्त्र सिख समूहों के सदस्यों की आड़ में कार्य करते रहे। पुलिस के लिए अपनी सरकारी 303 राइफल दिन में और रात को कलाश्निकोव ले जाना आम बात थी। 'एमनेस्टी इंटरनेशनल 'का मानना है कि सुरक्षा अधिकारियों द्वारा अपनाई गई नीतियों और निर्देशों को इस रिपोर्ट में वर्णित किया गया है व वह सीधे-सीधे मानवाधिकार उल्लंघन के मामले हैं। रिपोर्ट में कहा गया कि मानवाधिकारों के उल्लंघन के लिए जिम्मेदार सुरक्षाकर्मियों की जांच करना या पकड़ने में विफल रहने के कारण भी लोगों का सुरक्षा बलों के प्रति रोष बढ़ता गया।

'एमिनेस्टी इंटरनेशनल 'की 43 पन्नों की रिपोर्ट में कहीं यह नहीं दिखा कि मारे गए अथवा घरों से उठाकर गायब किए गए हिन्दू युवाओं, नेताओं अथवा आम लोगों के भी मानवाधिकारों का उल्लंघन हुआ है। आतंकवाद से प्रभावित कुछ लोगों ने बताया कि 'एमिनेस्टी इंटरनेशनल 'ने उन्हें भी गवाही के लिए बुलाया था व उन्होंने आप-बीती सुनाई भी। जब यह रिपोर्ट आई तो केवल आतंकवाद के दौरान पकड़े गए आतंकवादियों के ही मानवाधिकारों का ज़िक्र रिपोर्ट में हुआ। उन्हें तो इसका भी दुख है कि आतंकवादियों के हाथों पुलिस अथवा सुरक्षाबलों को गुप्त सूचनाएं देने वाले हिन्दुओं के मारे जाने का भी ज़िक्र नहीं किया व उन्हें तो सुरक्षा बलों ने भी सुरक्षित नहीं रखा।

आश्चर्य की बात है कि भारत से स्वायत्तता की मांग करने वाले 1973 के आनंदपुर साहिब प्रस्ताव को भी एमिनेस्टी इंटरनेशनल ने अनुचित नहीं ठहराया। रिपोर्ट के अनुसार उसमें सिख नेताओं ने अपनी धार्मिक, राजनीतिक और आर्थिक मांगों को सूचीबद्ध किया था, इसलिए अधिक स्वायत्तता या एक स्वतंत्र सिख मातृभूमि के लिए आंदोलन 'खालिस्तान 'ने जमीन पकड़ी। वर्ष 1984 के ऑपरेशन ब्लू स्टार के संबंध में रिपोर्ट में लिखा है कि एक अनुमान के मुताबिक 1,000 लोग, जिनमें से अधिकांश सिख थे, उस सैन्य कार्रवाई के दौरान मारे गए थे। इस प्रकार के दमन ने सिख मांगों को और मजबूत किया। अक्तूबर, 1984 में सिख अंगरक्षकों द्वारा प्रधानमंत्री इंदिरा गांधी की हत्या के बाद दिल्ली में हुए भयानक नरसंहार में लगभग 3,000 सिख नागरिकों के मारे जाने के बाद पंजाब में खालिस्तान की मांग ने ज़ोर पकड़ा । हिन्दुओं के लिए खतरा और बढ़ गया।

इस प्रकार एक सम्प्रदाय के विरुद्ध होना उचित नहीं है पर एमिनेस्टी इंटरनेशनल को पंजाब में आतंकवाद के दौरान लगभग 33,000 हिन्दू नहीं नज़र आये जो

आतंकवाद से प्रभावित थे व जिन्होंने न केवल अपने परिवार के सदस्य खोये, साथ ही अपने घरों को छोड़ कर भी भागना पड़ा। (33,000 की संख्या मानवाधिकार आयोग में दायर याचिका में वर्णित है)।

इस रिपोर्ट में आतंकवादियों द्वारा आम लोगों को निशाना बनाये जाने की भी चर्चा है पर उसे केवल दो पहरों में समेट दिया गया है। इसमें लिखा गया कि कई नागरिकों को भी आतंकवादी समूहों द्वारा निशाना बनाया गया क्योंकि उन्होंने शराब या तम्बाकू न बेचने के आदेशों की अवज्ञा की थी। जिन महिलाओं को मारा गया उन्हें 'बुरे चरित्र 'के रूप में वर्णित किया गया था। ऐसे ही एक मामले में, 22 जनवरी, 1991 को खालिस्तान लिबरेशन आर्मी ने एक महिला की हत्या करने की सूचना दी थी क्योंकि उनका मानना था कि वह एक पुलिस मुखबिर थी। खालिस्तान कमांडो फोर्स (ज़फ़रवाल) ने 'खराब चरित्र 'के लिए पांच महिलाओं की हत्या की जिम्मेदारी ली। समूह ने कहा कि उसने दो लोगों को तम्बाकू बेचने के लिए मार डाला था। बब्बर खालसा समूह ने जनवरी, 1991 में कहा था कि उन्होंने आनंदपुर के गांव की 46 वर्षीय महिला की हत्या कर दी थी, क्योंकि उसने शराब बेची थी।

पंथिक समिति (ज़फ़रवाल) ने तो स्पष्ट कर दिया था कि पंजाब के हिंदू समुदाय के सदस्यों को राज्य छोड़ने के लिए डराने व पुलिस कार्रवाई के प्रतिशोध में मारा गया। अनेक हिंदू ग्रामीण इलाकों में भी मारे गए लेकिन पंथिक समिति (ज़फ़रवाल) ने कहा कि इसने हिंदुओं को मारा क्योंकि उन्होंने पंजाब के विकास में योगदान नहीं दिया। कई मामलों में बसों या कारों से लोगों को उतारा गया, उन्हें सिखों से अलग किया गया और गोली मार दी गई। कुछ मामलों में पहले उनके हत्यारों ने उनका अपहरण कर लिया और हिरासत में ले लिया। ऐसी हत्याओं की रिपोर्ट 1990 के अंत और 1991 की शुरुआत में बढ़ गई। एमनेस्टी इंटरनेशनल ने 1 नवंबर, 1990 और 1 फरवरी, 1991 के बीच भारतीय प्रेस रिपोर्टों के एक सर्वेक्षण से 141 पीड़ितों की गिनती की थी। रिपोर्ट में कहा गया कि हत्याओं के लिए जिम्मेदारी का दावा करने वाले समूह खालिस्तान लिबरेशन आर्मी, खालिस्तान कमांडो फोर्स (पंजवार), भिंडरांवाले टाइगर्स फोर्स (मनोहर), खालिस्तान लिबरेशन फ्रंट और दशमेश रेजिमेंट थे।

पूरी रिपोर्ट में हिन्दुओं की हत्याओं की जांच करने अथवा कोई जांच आयोग बिठाने की सिफारिश नहीं की गई जबकि जेलों में बंद किए गए आतंकवादियों को न्याय दिलाने के लिए न्यायिक आयोग भी बने व एसआईटी भी बनी। दिल्ली में सरकार संभालते ही एक एसआईटी तो सत्तासीन 'आम आदमी पार्टी 'की सरकार ने भी

बनाई थी। यह उन सिखों को इंसाफ दिलाने के लिए थी जो वर्ष 1984 के दंगों में मारे गए थे। संसद में व संसद के बाहर व भीतर हिन्दूवादी संगठन के साथ व अलग होकर अकाली दल (बादल) दिल्ली दंगों के सिखों के लिए तो इंसाफ की मांग करते रहे पर पंजाब में आतंकवाद से प्रभावित हिन्दुओं को न्याय दिलाने की बात आज तक किसी ने नहीं उठाई।

भारत सरकार ने आतंकवाद विरोधी अभियानो के दौरान व्यापक दुर्व्यवहार पर अंतर्राष्ट्रीय मानवाधिकार संगठनों की रिपोर्टों को खारिज कर दिया था। एमनेस्टी इंटरनेशनल को जारी एक पत्र में, जिसमें उसके प्रतिनिधियों को पंजाब जाने की अनुमति नहीं दी गई थी, भारतीय दूतावास ने कहा, 'पंजाब में आतंकवादियों द्वारा हिंसा फैलाई गई व सभी समुदायों के निर्दोष लोगों की हत्यायें की गई'। पत्र में भारत ने उसकी संप्रभुता और उसके घरेलू मामलों में विदेशी हस्तक्षेप के प्रति कड़ा विरोध जताया गया था। 1991 की एशिया वॉच की रिपोर्ट 'पंजाब इन क्राइसिस 'के जवाब में भी भारत सरकार ने कहा कि वह कानून के किसी भी उल्लंघन को बर्दाश्त नहीं करता है।

सरकार के कुछ संस्थानों ने मानवाधिकार कार्यकर्ताओं की तुलना आतंकवादियों से की व कहा कि उन्होंने अपनी धारणाओं को सही ठहराने के लिए उग्रवाद का इस्तेमाल किया है। पंजाब सामूहिक दाह संस्कार के आरोपों के मामले में पंजाब पुलिस और पंजाब सरकार ने उग्रवाद से लड़ने में पुलिस के योगदान व इस विद्रोह में मारे गए पुलिस की संख्या पर बल दिया। एक रिपोर्ट के अनुसार आतंकवाद से लड़ते हुए पंजाब पुलिस के करीब 1700 लोग शहीद हुए थे। उस दौरान रोपड़ के पुलिस प्रमुख का एक पत्र भी है, जो उन्होंने तत्कालीन जिला मजिस्ट्रेट को लिखा था। उसमें उन्होंने जिले के उन 41 पुलिस कर्मियों को मुआवज़ा देने व उनके परिवारों को रेड-कार्ड देने की मांग की थी जो आतंकवादियों से लड़ने में शहीद हो गए थे। ऐसे पुलिस बल के लोग, जिन्होंने शहादतें भी दी व मानवाधिकार उल्लंघनो के आरोप भी सहे व तीन दशक से अदालतों की पेशियां भी भुगत रहे हैं।

पंजाब पुलिस की दुविधा यह थी कि ग्रामीण पंजाब से आने वाले युवा, जो अधिक संख्या में पंजाब पुलिस में थे, को अपने ही रिश्तेदारों से लड़ना पड़ा, जो कहीं न कहीं आतंकवाद की ओर बढ़ रहे थे। पंजाब पुलिस का नेतृत्व इन सामाजिक वास्तविकताओं से अवगत था। इसलिए, भारतीय पुलिस सेवा के युवा अधिकारियों ने मोर्चे नेतृत्व किया। रैंकों में एकजुटता, उच्च कोटि की व्यावसायिकता और अपनों के सामने कर्तव्य के प्रति निष्ठा ने पंजाब पुलिस को हार नहीं मानने दी।

आतंकवादियों ने न केवल ड्यूटी पर पुलिसकर्मियों पर घात लगाकर हमले किये, बल्कि उन्हें मार भी दिया। पंजाब पुलिसकर्मियों के पिता, माता, भाइयों, बहनों और बच्चों की निर्मम हत्या तक की गई। पंजाब पुलिस की वेबसाइट पर आतंकवाद के दौरान शहीद होने वाले पुलिस वालों की तस्वीरें भी लगी हैं।

इस रिपोर्ट से खालिस्तानी समर्थकों को इस कदर बल मिला कि 'सिख फॉर जस्टिस' के नेता ने इस रिपोर्ट का हवाला देते हुए कहा कि बेअंत सिह की हत्या में शामिल भाई शहीद दिलावर सिंह ने वास्तव में बेअंत के शासन के तहत सिखों के नरसंहार को रोक दिया था अतः अब हम 31 अगस्त को कौमी शहीद दिलावर सिंह के सम्मान में हर वर्ष आयोजन करेंगे।

खालिस्तानी समर्थक तो हिन्दू विरोधी अभियानो में मारे गए खाड़कुओं को शहीद का दर्जा दिए जा रहे हैं व जिन हिन्दुओं को इन लोगों ने अपनी गोलियों का निशाना बनाया, क्या वह शहीद नहीं कहला सकते?

अध्याय-6

फिर हिन्दू विरोधी आहट

पंजाब में पिछले कुछ वर्षों से फिर से हिन्दू विरोधी आहट सुनाई दे रही है। हाल के किसान आंदोलन के दौरान तो यह आहट कुछ तेज़ भी होने लगी है। पंजाब में न केवल हिन्दुओं की सुरक्षा को ताक पर रखा गया अपितु उन्हें संवैधानिक अधिकारों से भी वंचित रखा गया। देश के कुछ अन्य राज्यों की भांति पंजाब में भी हिन्दुओं को अल्पसंख्यकों का दर्जा न मिलने को भी कोई मुद्दा नहीं समझा गया। वर्ष 2017 में अधिवक्ता अश्विनी कुमार उपाध्याय ने सुप्रीम कोर्ट में दायर एक जनहित याचिका में कहा था कि हिंदुओं को लक्षद्वीप, मिज़ोरम, नागालैंड, मेघालय, जम्मू कश्मीर, अरुणाचल प्रदेश, मणिपुर और पंजाब में अल्पसंख्यक घोषित किया जाये और वहीं 'राष्ट्रीय अल्पसंख्यक 'घोषित करने वाली केंद्र सरकार की अधिसूचना को भी चुनौती दी गई है। इस अधिसूचना को ही हिन्दुओं को हाशिये पर धकेलने के लिए प्रयोग किया जा रहा है। उन्होंने अपने एक सोशल मीडिया हैंडल पर लिखा था, 'लद्दाख से मिट गए, कश्मीर से मिट गए, मणिपुर से मिट गए, लक्षदीप से मिट गए, मेघालय से मिट गए, मिजोरम से मिट गए, नागालैंड से मिट गए, अरुणाचल से मिट गए, केरल से मिटने वाले हैं, बंगाल से मिटने वाले हैं, पंजाब से मिटने वाले हैं, आंध्र से भी मिटने वाले हैं।'

पंजाब में पिछले एक दशक से भी अधिक समय से सरकारी नौकरियों में भर्ती के आंकड़े उठाकर देखे जायें तो हिन्दू आज किस स्थिति में हैं, स्पष्ट हो जायेगा। राज्य में बहुसंख्यक तो अल्पसंख्यक का दर्जा लिए हैं जबकि मात्र 31 प्रतिशत आबादी को बहुसंख्यक मानकर अनेक संवैधानिक अधिकारों से वंचित रखा गया है। पंजाब में हिन्दुओं को हाशिये पर धकेलने के प्रयास तो वर्ष 1947 के बाद ही शुरू हो गए थे लेकिन वर्ष 1980 के बाद इसने उग्र रूप ले लिया। हिन्दुओं को सामाजिक, धार्मिक व सांस्कृतिक रूप से अलग कर देखा जाने लगा। सम्भवतः इसके पीछे राज्य से उन्हें भगाने की रणनीति थी। रणनीति के लिए कश्मीर उदाहरण था, जहाँ हिन्दुओं को भगाया गया व कोई उनकी सुरक्षा के लिए नहीं आया। अब पश्चिम बंगाल में भी यही दोहराया जा रहा है। कश्मीर घाटी में हज़ारों मंदिर तोड़े गये लेकिन कहीं कोई विरोध नहीं दिखा। संविधान में भी हिंदुओं के सांस्कृतिक अधिकारों की रक्षा के लिए कोई प्रावधान नहीं है। यही कारण है कि राष्ट्रीय स्तर पर बहुसंख्यक होने के बाद भी सांस्कृतिक रूप से वे अलग-थलग और शक्तिहीन हैं ।

संविधान की 11 सदस्यीय पीठ ने यह भी उल्लेख किया कि पूरे भारत को नहीं अपितु राज्यों को, समुदाय को धार्मिक या भाषाई अल्पसंख्यक के रूप में निर्धारित करने के लिए 'इकाई 'के रूप में माना जाना चाहिए। राज्य को भाषाई अल्पसंख्यक के निर्धारण की इकाई के रूप में अनुच्छेद 30 के रूप में माना जाना चाहिए। राज्य 'धार्मिक अल्पसंख्यक 'या बहुसंख्यक का दर्जा निर्धारित करें।

पंजाब में आतंकवाद के खिलाफ लड़ चुके एवं शौर्य चक्र से सम्मानित बलविंदर सिंह संधू की अक्तूबर, 2020 में की गई हत्या के बाद से ही पर्दे के पीछे चल रही साजिशों की आहट स्पष्ट हो गई थी। उन्हें निशाना बनाये जाने के संकेत तो पिछले कुछ वर्षों से मिल ही रहे थे पर सरकार ने सुरक्षा कड़ी करने की बजाय कुछ समय पहले उनकी सुरक्षा वापस ले ली थी। संधू पर उस समय चार गोलियां चलायी गयीं जब वह भीखीविंड गांव स्थित अपने घर से सटे दफ्तर में थे। हमलावर हमला करने के बाद मौके से फरार हो गये। उनकी हत्या का ढंग लगभग वैसा ही था जैसे आतंकवाद के दौर में आतंकवादियों द्वारा हिन्दुओं को निशाना बनाया जाता था। संधू कई साल राज्य में आतंकवाद के खिलाफ लड़े और पंजाब में खालिस्तानी आतंकवाद जब चरम पर था, तब उन पर 16 आतंकवादी हमले किये गए।

एक बार फिर पंजाब में हिंदू नेताओं पर जानलेवा हमले हो रहे हैं। हमला करने का तरीका भी पुराना है फिर भी पंजाब पुलिस की पहुंच से हत्यारे बाहर हैं। सुरक्षा एजेंसियों के सूत्रों का कहना है कि आतंकवाद के दौर में आतंकवादी संगठन

वारदातों की जिम्मेदारी लेते थे पर अब यह काम स्थानीय असामाजिक तत्वों से कराया जा रहा है। सुरक्षा एजेंसियों की रिपोर्टों को माने तो पंजाब में एक दशक से भी अधिक समय तक सक्रिय रहे कट्टर सिख संगठन अब बहुत ही सधे हुए तरीके से अपना काम कर रहे हैं व निशाने पर फिर से हिंदू संगठन व उनके नेता हैं। पहले जहाँ हिंदुओं को बड़ी संख्या में बसों से उतार कर, सार्वजनिक समारोहों में या मोहल्लों में लाइन में खड़ा कर मारा जाता था, अब एक-एक को निशाना बनाया जा रहा है। अगर सुरक्षा एजेंसियों की माने तो इस बार कम जोखिम उठाकर भय का वातावरण पैदा करने की रणनीति पर काम चल रहा है।

अब तो पंजाब में हिन्दू कहने लगे हैं कि वह अपने धार्मिक पर्व घर के अंदर ही आयोजित करते हैं। कोशिश करते हैं कि आवाज भी बाहर न जाए। यहाँ तक कि दीवाली पर भी वे घर के अंदर ही रहते हैं। आतंकवाद के दौर में आतंकवादी हर गैर सिख को निशाना बनाते थे। वारदात के बाद वे इसकी जिम्मेदारी भी लेते थे। अब उनके निशाने पर वे हिंदू हैं, जो अपने धर्म या अपनी विचारधारा के लिए कुछ कर रहे हैं।

कृषि सुधार कानूनों के विरोध में चल रहे किसान आंदोलन की आड़ में पंजाब में अराजकता की स्थिति बनाने के प्रयास किए जा रहे हैं। नक्सली अंदाज में पंजाब में एक कम्पनी के मोबाइल टावरों को तोड़ना, बड़ी कम्पनियों के मॉल अथवा व्यावसायिक संस्थानों पर हमले, सोशल मीडिया के माध्यम से कार्पोरेट सेक्टर को बदनाम करना, एक सोची-समझी रणनीति का ही हिस्सा है ताकि बाहर से आई बड़ी कम्पनियों को भय का वातावरण बनाकर पंजाब से पलायन को विवश किया जाये। पंजाब के पूर्व मुख्यमंत्री प्रकाश सिंह बादल और वर्तमान मुख्यमंत्री कैप्टन अमरिंदर सिंह पूंजी निवेश दिवस मनाते और देश के प्रसिद्ध उद्योगपतियों, व्यावसायियों को राज्य में निवेश करने को प्रोत्साहित करते रहे हैं पर उसके लिए राज्य में अनुकूल वातावरण नहीं बना पाये। राज्य में दो दशकों तक चले आतंकवाद ने राज्य को विकास की दृष्टि से पिछड़ा रखा व अब किसान आंदोलन ने आग में घी का काम किया है। पहले तो किसान रेल पटरियों पर धरना दिए बैठे रहे, जिससे उद्योग जगत के साथ-साथ सामान्य व्यवसाय पर विपरीत असर पड़ा और अब फिर से तोड़फोड़ की बढ़ रही घटनाओं ने व्यावसायियों में भय की लहर पैदा कर दी है।

सितंबर, 2017 को लुधियाना से आतंकवादी संगठन बब्बर खालसा इंटरनेशनल के सात उग्रवादियों को पकड़ा गया था। पुलिस पूछताछ में इन आतंकवादियों ने यह बात कबूली थी कि उनके निशाने पर खालिस्तान का विरोध करने वाले हिंदू नेता हैं,

चाहे वह किसी भी दल से हों। पाकिस्तान की आईएसआई या कनाडा-ब्रिटेन में कार्यरत आतंकी संगठन हों, सब पंजाब में अलगाववाद को बढ़ावा देना चाहते हैं व किसान आंदोलन उनके लिए एक नया मंच बन गया है। एक दशक पहले पंजाब में आतंकवाद सुरक्षा बलों के प्रयास से अवश्य खत्म हो गया था पर उसकी चिंगारी शेष रह गई थी। पाकिस्तान इस चिंगारी को बराबर हवा देने की कोशिश करता रहा है। पंजाब में आतंकवादियों की हिमायत करने वालों में कुछ राजनेता भी प्रयासरत रहे हैं। तत्कालीन मुख्यमंत्री बेअंत सिंह की हत्या के अपराध में बब्बर खालसा के बलवंत सिंह राजोआना को 31 मार्च को पटियाला जेल में फांसी दी जानी थी। इसके विरुद्ध प्रदेश भर में कट्टरपंथियों ने माहौल बनाया। शिरोमणि गुरुद्वारा प्रबंधक कमेटी ने भी बलवंत सिंह के पक्ष में आवाज उठाई। दुर्भाग्य से पंजाब के मुख्यमंत्री ने राष्ट्रपति से बलवंत सिंह की पैरवी की। भारत सरकार भी दब गई और बलवंत सिंह की फांसी पर रोक लगा दी गई। आज भी यह मुद्दा गर्म है। अब पूर्व प्रधानमंत्री राजीव गांधी के हत्यारों के पक्ष में भी आवाजें सुनाई दे रही हैं।

इस देश का इतिहास रहा है कि समस्या के गम्भीर होने के बाद ही सरकारें हरकत में आती हैं। पंजाब, नागालैंड, असम आदि में ऐसा ही हुआ। 'शिलांग समझौते 'के बाद सरकार के नरम पड़ने के कारण 'नेशनल सोशलिस्ट काउंसिल ऑफ नागालैंड 'की स्थापना हुई और इस संगठन ने अलगाववादी मांगों को फिर से हवा दी। कश्मीर के मामले में यदि भारत सरकार ने दूरदर्शिता दिखाई होती तो 1972 में 'शिमला समझौते 'के दौरान समस्या का स्थायी समाधान हो जाता। आज सवाल यह है कि पंजाब समस्या, जिसका समाधान इतनी कुर्बानियों के बाद मिला था, क्या फिर से ज्वलंत हो जाएगी?

एक बार फिर विदेशों में बैठकर 'सिख फॉर जस्टिस '(एसएफजे) ने अपना उग्र रूप दिखाना शुरू किया है। भारत विरोधी गतिविधियों के लिये पानी की तरह पैसा बहाने वाले इस संगठन के लिए किसान आंदोलन नई बयार की तरह साबित हो रहा है। पंजाब के सीमावर्ती क्षेत्रों से जो सूचनायें सुरक्षा एजेंसियों को मिल रही हैं, उनसे यह संकेत मिल रहे हैं कि हिन्दुवादी संगठनों व उनके नेताओं को निशाना बनाया जा रहा है। कई महीनों से चल रहे किसान आंदोलन की आड़ में कुछ शरारती तत्वों ने गांवों की सीमाओं पर बोर्ड व पोस्टर लगा दिए कि इस गांव में केन्द्र सरकार से जुड़े अथवा समर्थकों का आना मना है। अटल जी की जयंती पर बठिंडा में कुछ लोगों ने समारोह स्थलों पर गड़बड़ी की व इन समारोहों का अन्य स्थानों पर भी विरोध

किया। राम मंदिर निर्माण के लिए चलाए गए अभियान का भी पंजाब में कई स्थानों पर विरोध किया गया।

कांग्रेस, आम आदमी पार्टी, अकाली दल, वामपंथी राजनीतिक नवीनता की तलाश में किसान आंदोलन में अवसर खोज रहे हैं। इन्हीं आंदोलनकारियों के मंचों से देश विरोधी, हिन्दू विरोधी, विशेषकर ब्राह्मण विरोधी आवाज़ें आना भी राज्य में भय का वातावरण बना रही हैं। हरियाणा सरकार ने इन्हें रोकने का प्रयास तो किया पर वह भारी पड़ा। देश की नौकरशाही राजनीतिक आकाओं के इशारों पर ही काम करती है, इसलिए उसके हाथ बंधे हैं।

कोरोना की पहली लहर के बाद जिस तरह से बहुराष्ट्रीय कंपनियों का चीन से मोहभंग और भारत के प्रति रुख हुआ है, उसका फायदा उत्तर प्रदेश व अन्य राज्यों को तो मिल रहा है पर पंजाब में जिस प्रकार का माहौल बनाया जा रहा है, उससे कम्पनियां राज्य में निवेश करने से कतरा रही हैं। नक्सल प्रभावित इलाकों में इसी तरह की गतिविधियों से उद्योगपतियों व व्यवसायियों को डराया-धमकाया जाता रहा है और पंजाब-हरियाणा में चल रहे किसान आंदोलन में नक्सली घुसपैठ की खबरें किसी से छिपी नहीं। इसका यह अर्थ नहीं कि सभी आंदोलनकारी नक्सली अथवा आतंकवादी हैं।

हमारे देश में कहीं भी उग्रवाद की घटना हो, सामुदायिक दंगा हो, उसमें पाकिस्तान पर संदेह होना ही है पर इसे एक सोच कह सकते हैं जो वोट की राजनीति करने वालों को समाज को बांट कर फायदा पहुंचा सकती है व अब इसमें इस्लामिक इस्टेट का भी नाम जुड़ने लगा है। पंजाब में भय का वातावरण बनाने के लिए हर बार निरंकारियों को ही निशाना क्यों बनाया जाता है? खालिस्तानी आंदोलन की शुरुआत भी अकाली-निरंकारी संघर्ष से ही हुई थी। अकालियों में जो कट्टरपंथी तत्व हैं, वह निरंकारियों पर गलत सिखी का प्रचार करने का आरोप लगाते हैं।

हाल ही में (21 अप्रैल, 2021 को) सीमा सुरक्षा बल (बीएसएफ) ने पठानकोट में भारत-पाकिस्तान अंतर्राष्ट्रीय सीमा पर तीन पाकिस्तानी घुसपैठियों द्वारा घुसपैठ की कोशिश को नाकाम किया था। इससे पूर्व 7 अप्रैल को, बीएसएफ के जवानों ने फिरोजपुर में भारत-पाकिस्तान अंतर्राष्ट्रीय सीमा के साथ खेमकरण इलाके में 'जीरो प्वाइंट 'पर पाकिस्तानी पंजाब के लाहौर के खड़क गांव के रहने वाले एक शख्स को गिरफ्तार किया। बीएसएफ ने उसके पास से बड़ी मात्रा में हेरोइन, एक मोबाइल फोन, एक पावर बैंक और एक पीवीसी पाइप (सीमा की बाड़ के नीचे से ड्रग के

पैकेट में धकेलने के लिए इस्तेमाल किया जाता है) बरामद किया। अली के दो सहयोगी और कुछ भारतीय (जिन्हें खेप प्राप्त करनी थी) भागने में सफल रहे। नारकोटिक्स कंट्रोल ब्यूरो (एनसीबी) के उप महानिदेशक (उत्तर) के अनुसार यह सीमा पार से काम करने वाला एक अंतरराष्ट्रीय ड्रग्स सिंडिकेट है। आपूर्तिकर्ता बाड़ के पार बैठे हैं और दवाओं को भारत में धकेल रहे हैं। एनसीबी के उप निदेशक (संचालन) ने कहा कि यह पहला ऑपरेशन था जिसमें अंतरराष्ट्रीय सीमा क्षेत्र से एक पाकिस्तानी नागरिक को जिंदा गिरफ्तार किया गया था। इसे अब 'नशावादी आंदोलन 'भी कहा जा सकता है, जिसे आतंकवाद का ही दूसरा रुप कहा जा सकता है।

पाकिस्तान की इंटर-सर्विसेज इंटेलिजेंस (आईएसआई) सीमावर्ती राज्य में अस्थिरता पैदा करने के लिए भारतीय पंजाब में ड्रग्स और हथियारों की तस्करी के प्रयास जारी रखे हैं व भारत में इसे भी आतंकवाद का ही दूसरा रुप माना जा रहा है। आईएसआई समर्थित आतंकवादी, खालिस्तानी और इस्लामवादी, वर्तमान में पंजाब में कोई बड़ा हमला करने में विफल रहे। पंजाब में आईएसआई समर्थित आतंकवादियों द्वारा आखिरी बड़ा हमला 18 नवंबर, 2018 को हुआ था, जब अमृतसर जिले के अदलीवाल गांव में निरंकारी सत्संग भवन में एक धार्मिक सभा में ग्रेनेड विस्फोट में तीन लोग मारे गए और 20 घायल हो गए थे। वर्ष 2018 में करीब छह हिन्दू नेताओं की हत्या हुई।

1 अक्टूबर 2018 को भारत सरकार ने खालिस्तान लिबरेशन फोर्स पर प्रतिबंध लगाया व प्रतिबंधित किया जाने वाला यह 40वां संगठन था। एनआईए के एक प्रस्ताव के बाद गैरकानूनी गतिविधियां रोकथाम अधिनियम (यूएपीए) के तहत यह प्रतिबंध लगाया गया। इस पर आरोप लगाया गया कि इस फोर्स को इंग्लैंड में रहने वाले गुरशरणबीर सिंह और पाकिस्तान में रहने वाले हरमीत सिंह द्वारा चलाया जा रहा है। दोनों गुटों ने ऑस्ट्रेलिया, इटली, पाकिस्तान, यूएई और ब्रिटेन से धन एकत्र किया था और देश के लिए खतरा पैदा किया था। पहले से ही प्रतिबंधित अन्य सिख आतंकवादी समूहों में बब्बर खालसा इंटरनेशनल, इंटरनेशनल सिख यूथ फेडरेशन, खालिस्तान कमांडो फोर्स और खालिस्तान जिंदाबाद फोर्स आदि शामिल हैं।

2018 में दायर चार्जशीट में एनआईए ने कहा था कि अक्टूबर 2017 में एक हिंदू नेता रविंदर गोसाईं की हत्या कर दी थी। इससे यह स्पष्ट हो गया कि इन लोगों के निशाने पर एक बार फिर हिन्दू ही हैं। खालिस्तान लिबरेशन फोर्स ने अपने हमलों में हिंदू धर्मगुरुओं, एक ईसाई पादरी और डेरा सच्चा सौदा के प्रमुख अनुयायियों को

निशाना बनाया था। एनआईए ने बताया था कि ये हमले पाकिस्तानी आईएसआई के निर्देश पर किए गए थे और इसका उद्देश्य भारतीय पंजाब में सांप्रदायिक अशांति पैदा करना था।

इस बीच, पंजाब पुलिस ने कई हमलों को विफल किया व वर्ष 2019 में 31 लोगों को गिरफ्तार किया। 2020 में 26 आतंकवादी संदिग्धों को गिरफ्तार किया। 4 अक्तूबर, 2020 को पंजाब पुलिस ने खालिस्तान जिंदाबाद फोर्स के होशियारपुर जिले में दो आतंकवादियों को गिरफ्तार किया था। पुलिस ने इनसे अत्याधुनिक हथियार और गोला-बारूद भी बरामद किया था। पंजाब पुलिस ने स्वयं इसका खुलासा किया था कि जांच के दौरान इन लोगों ने बताया कि कनाडा में बैठे कुछ लोगों ने आतंकवादी हत्याओं को अंजाम देने के लिए उन्हें उकसाया था। यह वही लोग हैं जो पहले बब्बर खालसा इंटरनेशनल (बीकेआई) के प्रमुख के करीबी सहयोगी रहे हैं, कनाडा स्थित केजेडएफ के सरगना, पाकिस्तान का लगातार दौरा करता है और वह पाकिस्तान स्थित केजेडएफ प्रमुख का करीबी सहयोगी है। आईएसआई द्वारा पंजाब को 1980 और 1990 के दशक के अंधेरे युग में वापस धकेलने के प्रयासों में कोई कमी नहीं है पर भारतीय बलों द्वारा लगातार सतर्कता और कठोर कार्रवाई पाकिस्तानी साजिश को रोकने में फिलहाल सफल है।

पंजाब के कई स्थानों पर इस पुस्तक के लिखने के दौरान मैंने देखा कि कई युवक, विशेषकर ग्रामीण इलाकों में ऐसी टी-शर्ट पहनना शुरू कर चुके हैं, जिनमें भिंडरांवाले की तस्वीर सीने पर छपी हुई होती है, उसके पोस्टर और तरह-तरह के स्टीकर राज्य भर में कारों और अन्य वाहनों पर चिपके दिखाई दिए। राज्य भर के शैक्षणिक संस्थानों के प्रांगणों व होस्टलों के कमरों में भी कहीं न कहीं यह पोस्टर दिखाई दे जाते हैं। इन पर भिंडरांवाले द्वारा अक्सर बोला जाने वाला वाक्य, 'जेडा सिख है, ओ डरदा नहीं, जेडा डरदा है, ओ सिख नहीं' भी लिखा दिखाई देता है।

पंजाब के ग्रामीण क्षेत्रों में आज भी उपलब्ध है भिंडरावाले व उसके साथियों से संबंधित इतिहास।

पंजाब में आज भी प्रमुख राजनीतिक दल भिंडरांवाले की निरंतर अपील और उनकी कल्पना के पुनरुत्थान के पीछे के अर्थों को समझ नहीं पा रहे हैं, या जानबूझ कर अनदेखा कर रहे हैं। यह लोग यदा-कदा पंजाब में पिछले 30 वर्षों के इतिहास की याद दिलाने के लिए फिर से उभरे हैं। वर्तमान यथास्थिति के विरुद्ध विद्रोह करते हुए यह लोग स्वयं को स्मरण करवा रहे हैं, प्रदर्शित कर रहे हैं। चाहे इनका यह प्रयास कितना भी सूक्ष्म हो, पर उसका प्रभाव बेरोज़गारी से जूझ रहे पंजाब में दूर तक जा सकता है। भारतीय सुरक्षा बलों व विभिन्न सरकारों को यह भ्रम है कि वह भिंडरांवाले के अनुसरण की विश्वसनीयता को खारिज करने में सफल रहे हैं या पंजाब के कुछ लोगों की यादों से भिंडरांवाले की भावनाओं को मिटाने में सफल रहे हैं। उनकी कमोडिटी छवि का यह 'बाजार अर्थव्यवस्था' रुप न केवल अतीत के अवशेष के रूप में उनकी स्थायी विरासत के प्रति सचेत कर रहा है। पंजाब के ग्रामीण क्षेत्रों व छोटे कस्बों में खरीदने और प्रदर्शित करने वाले उपभोक्ताओं का यह एक बाजार है। वर्ष 2015 में जिस टी-शर्ट पर संत जरनैल सिंह भिंडरांवाले का चित्र छपा था, उसे जब्त करने के मामले में पंजाब पुलिस को सिख कार्यकर्ता मनविंदर सिंह गियासपुरा के खिलाफ अदालत में चालान पेश करना था। इनका दुस्साहस – सभी लोग अदालत में भिड़रांवाले की तस्वीर वाली टी-शर्ट पहन कर ही पेश हुए।

हालांकि, इन दिनों शैक्षणिक संस्थान बंद हैं, पर पोस्टर दिखाई दे जाते हैं। पंजाब के एक सेवानिवृत्त पुलिस अधिकारी, जो आतंकवाद से लोहा ले चुका है, का कहना है कि राज्य में आतंकवाद के लिए लोग अब तैयार नहीं हैं व न ही उन्हें इसके लिए तैयार करने की कोशिश की जा रही है पर आतंकवाद को राजनीतिक या सामाजिक समर्थन अब नहीं मिल सकता। हाल के वर्षों में राज्य के दूरदराज के इलाकों से गिरफ्तार हो रहे संदिग्ध लोग व निशाने पर आ रहे हिन्दू नेताओं के चलते पंजाब के हिन्दू लोग इस बात से खौफ खाने लगे हैं कि अतीत का वह काला अध्याय कहीं लौट न आये। पंजाब में धार्मिक ग्रंथों की बेअदबी की घटनाओं में भी विदेशी ताकतों का हाथ होने का अंदेशा है व ऐसी घटनाएं पंजाब की अमन-शांति को भंग करने की साजिश मानी जा रही हैं। इस पर गम्भीरता से विचार करने की बजाय पंजाब में राजनेता एक-दूसरे पर आरोप लगाने में लगे हैं।

पंजाब पहले ही नक्सलवाद, खालिस्तानी आतंकवाद और अलगाववाद का दंश झेल चुका है। दुखद तो यह है कि सुलग रही इस आग को बुझाने के कोई प्रयास नहीं हो रहे हैं। प्रधानमंत्री नरेंद्र मोदी ने संसद में किसान आंदोलनकारी किसानों को

'आंदोलनजीवियों 'से बचने की सलाह दी थी। उनके अनुसार किसानों के शांतिपूर्ण विरोध के बीच कुछ लोग नक्सलियों, आतंकवादियों और राष्ट्र को नुक़सान पहुंचाने वाले पोस्टर लेकर खड़े रहते हैं। उन्होंने कहा, 'जो भाषा उनके लिए (सिखों के लिए) कुछ लोग बोलते हैं, उनको गुमराह करने का प्रयास करते हैं, इससे कभी देश का भला नहीं होगा।'

सुरक्षा एजेंसियों की रिपोर्टों के अनुसार इस समय प्रमुख खालिस्तान समर्थक आतंकवादी संगठनों में सक्रिय हैं-

बब्बर खालसा अंतर्राष्ट्रीय (यूरोपीय संघ, कनाडा, अमेरिका भारत और ब्रिटेन में आतंकवादी संगठन के रूप में सूचीबद्ध)

भिंडरांवाला टाइगर फोर्स (1984 में गुरबचन सिंह मनोचहल ने गठन किया, 1995 में खालिस्तान आंदोलन में 4 प्रमुख उग्रवादी समूहों में से एक के रूप में सूचीबद्ध)

खालिस्तान कमांडो फोर्स (1986 में सरबत खालसा द्वारा निर्मित, अमेरिका द्वारा घोषित आतंकवादी संगठनों की सूची में नहीं, पंजाब पुलिस इंटेलिजेंस डिवीजन के अनुसार यह हजारों लोगों की मौत के लिए जिम्मेदार था। 1995 में मुख्यमंत्री बेअंत सिंह की भी हत्या की)

खालिस्तान लिबरेशन आर्मी (खालिस्तान लिबरेशन फोर्स से टूटा समूह)

खालिस्तान लिबरेशन फोर्स (1980 और 1990 के दशक में नागरिक ठिकानों के कई धमाकों के लिए ज़िम्मेदार)

खालिस्तान जिंदाबाद फोर्स (यूरोपीय संघ द्वारा सूचीबद्ध आतंकवादी संगठन)

इंटरनेशनल सिख यूथ फेडरेशन (इंग्लैंड में स्थित)

ऑल इंडिया सिख स्टूडेंट्स फेडरेशन

दशमेश रेजिमेंट

शहीद खालसा फोर्स, आदि।

अध्याय 7

पंजाब का हिन्दू-शांत है या भयभीत

पंजाब एक वैदिक धरा है लेकिन इसके बावजूद हर क्षेत्र में हिन्दुओं को पंजाब में हीनता का शिकार बनाने का षड्यंत्र चल रहा है। पंजाब में जहाँ पहले दशकों तक हिन्दू व सिखों को बांटने की साज़िश रची गई, अब हिन्दू-सिख-मुसलमानों-ईसाइयों को आपस में उलझाने की साज़िशें चल रही हैं। वर्ष 1966 के बाद से पंजाब के हिन्दुओं को सामाजिक और सांस्कृतिक रूप से तो अलग-थलग करने की कोशिशें की जा रही हैं, साथ ही राजनीतिक और सामाजिक तौर पर भी यह प्रयास जारी है। पंजाबी फिल्मों व आधुनिक गीतों ने भी इसमें अहम भूमिका निभाई है। पंजाबी हिन्दू अपना दर्द किसी और को सुना नहीं सकता क्योंकि कोई सुनेगा नहीं। हाल ही में वर्तमान पंजाब सरकार द्वारा मलेरकोटला को जिला घोषित करना इतना खतरनाक है कि जिसके बारे अभी लोग सोच भी नहीं सकते।

पंजाब में सुरक्षा एजेंसियों को इसकी जांच करनी चाहिए कि पंजाब में किस प्रकार कुछ सिख पुलिस अधिकारियों व अन्य लोगों के इस्लाम कबूल करने व वक्फ की ज़मीनों में क्या संबंध हैं। देश के विभाजन के बाद जिन मस्जिदों पर गुरुद्वारे बने, उन्हें इन्हीं सिखों द्वारा कथित रूप से वापस मस्जिदों में तब्दील करने की साजिश भी चल रही है। पंजाब में इसके उदाहरण भी हैं। पंजाब के कई इलाकों, विशेषकर

ग्रामीण क्षेत्रों से सिखों द्वारा इस्लाम का पाठ पढ़ाए जाने व ईसाइयों को दीक्षा दिए जाने के वीडियो वायरल होने भी संदेहास्पद हैं।

पंजाब में आतंकवाद को पराजित हुए लम्बा समय बीत गया लेकिन उसे पुनः जीवित करने की कोशिशें कभी बंद नहीं हुईं। पंजाब में 'वायस ऑफ हिन्दू 'के विजय सिंह भारद्वाज का मानना है कि देश में जब मोमिन (मुसलमान) बहुलता वाले क्षेत्र ज़िले बन जाएंगे तो करीब-करीब वही तस्वीर बनेगी जब वर्ष 1947 में बंगाल, पंजाब, सिंध और आधा कश्मीर पाकिस्तान को मोमिन बहुसंख्यक होने के आधार पर दे दिया गया था या यूं कहिये कि पाकिस्तान के हुक्मरान ने छीन लिया था। भारत पहले से ही पाकिस्तान के छद्मयुद्ध से दशकों से परेशान है। अब अगर इस रणनीति पर राज्य सरकारें चलेंगी तो पाकिस्तान की गतिविधियां भी बढ़ जायेंगी।

तीन दशकों से बह रहे आंसू थमे भी नहीं कि फिर आ रही आहट से भयभीत हैं हिन्दू

इस कारण अब मोमिन-बहुल मलेरकोटला को पास के दो अन्य कस्बों के साथ जोड़कर ज़िला बनाने की घोषणा करना बहुत घातक होगा। उत्तर प्रदेश, बिहार, राजस्थान, बंगाल और महाराष्ट्र के सेकुलर पॉलिटिशियन तो पहले से ही इन कदमों को उठाने के लिए तैयार बैठे हैं। अगर यही स्थिति रही तो तो देश में 60-75 नए जिले बनाये जा सकते हैं क्योंकि वहाँ अब मोमिन बहुलता है या आने वाले वर्षों में हो जायेंगे।

वर्ष 1947 में मलेरकोटला नवाब के वंशजों ने विभाजन के समय यह अफवाह फैलाई थी कि नवाब शेर मोहम्मद ने 1705 में गुरुगोविंद सिंह के पुत्रों की हत्या की

आलोचना की, जबकि सच्चाई यह है कि मलेरकोटला के नवाब शेर मोहम्मद खान ने चमकौर साहिब के युद्ध में गुरु गोविंद सिंह जी के दो साहिबजादों अजीत सिंह जी और झूझार सिंह जी को घेर कर बहुत बेरहमी से मार दिया था। इस युद्ध में सिखों की औरतों को उठाकर ले गए और मुसलमानों में इनाम के तौर में बांट दिया, जिसमें गुरु गोविंद सिंह जी की परम सेविका बीबी अनूप कौर भी शामिल थीं। बीबी अनूप कौर ने मुस्लिम मजहब नहीं अपनाया और आत्महत्या कर ली। बाबा बंदा सिंह बहादुर जी ने बीबी अनूप कौर जी के शरीर को कब्र से निकाल कर उनका संस्कार किया। मलेरकोटला में अधिकांश मोमिन बड़े किसान, व्यापारी और सरकारी नौकरी में हैं। यहाँ बहुत बड़ी-बड़ी खूबसूरत मस्जिदें और मदरसे भी हैं। हिन्दू जनसंख्या यहाँ दूसरे नम्बर पर है, परन्तु गरीबी और उपेक्षा का दंश तो पंजाब में हमेशा ही हिंदुओं को झेलना पड़ा है। विजय सिंह भारद्वाज कहते हैं कि इस निर्णय का प्रभाव पूरे भारत में पड़ेगा और ऐसी परम्परा चल निकलेगी। यह परम्परा न बनने पाए, इसके लिए दिल्ली सरकार को सतर्क रहना होगा। इसी तर्ज पर अगर अन्य राज्यों में भी मुस्लिम बाहुल इलाकों का दर्जा बढ़ता रहा तो विदेशों में बैठी भारत विरोधी ताकतों को भी मंच मिलते जायेंगे। कमोबेश पश्चिमी बंगाल के सीमावर्ती इलाकों में भी हिन्दुओं की यही स्थिति है। हाल ही में हुए विधानसभा चुनावों के बाद से तो बंगाल में हिन्दू विरोधी अभियान एक सोची-समझी साजिश का हिस्सा नज़र आ रहा है।

नीति नायर ने शोध पर आधारित अपनी पुस्तक 'चेंजिंग होमलैंड्स- हिन्दू पॉलिटिक्स एण्ड पार्टिशन ऑफ इंडिया 'में इस विचार को खारिज कर दिया कि वर्ष 1947 में हिंदू और मुस्लिम समुदायों के बीच मतभेदों ने राजनीतिक समझौता असंभव बना दिया। विभाजन का विचार इस क्षेत्र के अधिकांश हिंदुओं के लिए आश्चर्यजनक था। बीसवीं शताब्दी के शुरुआती वर्षों से पंजाब के राजनीतिक और सामाजिक इतिहास का अध्ययन करने के बाद उन्होंने इस धारणा को उलट दिया कि भारत के विभाजन के लिए मुसलमान जिम्मेदार थे। कुछ शक्तिशाली पंजाबी हिंदुओं ने भी विभाजन को प्राथमिकता दी पर किसी ने भी इसके बाद होने वाली मौतों और तबाही का पूर्वाभास नहीं किया था। नायर 1947 के विभाजन से पहले और उसके बाद लंबे समय तक हिंदू अल्पसंख्यक पर ध्यान केंद्रित करने वाले पहले इतिहासकार हैं।

वर्ष 1988 में न्यूयॉर्क टाइम्स ने लिखा था कि पंजाब में पंजाबी हिंदू मजदूरों का पलायन अमृतसर, गुरदासपुर और फिरोजपुर के हिंसाग्रस्त जिलों के गांवों से हुआ है। इन हिंदुओं के बारे में कहा जाता है कि वह गांवों से अमृतसर जैसे बड़े शहरों में

आ गए हैं जहां वह अपने आप को सुरक्षित महसूस करते हैं। ओटावा के मैकडोनाल्ड-लॉरियर इंस्टिट्यूट द्वारा सितंबर, 2020 में प्रकाशित, 'खालिस्तान : ए प्रोजेक्ट ऑफ पाकिस्तान 'में कनाडा के अनुभवी पत्रकार टेरी मिलेवस्की ने नए सिरे से खालिस्तान आंदोलन से भारत और कनाडा के लिए खतरे के बारे में चेतावनी दी थी। उसमें लिखा गया था कि 'कनाडा के लोगों के लिए, पाकिस्तान की कार्रवाई राष्ट्रीय सुरक्षा के लिए जोखिम पैदा कर रही है। 'रिपोर्ट में कहा गया कि भारत के पंजाब में खालिस्तानी समर्थक अब बहुत कम हैं लेकिन पाकिस्तान के खालिस्तानी समर्थक कनाडा में स्थित खालिस्तानी समर्थकों का लाभ उठा रहे हैं।

ऑप्रेशन ब्लू स्टार के बाद स्वर्ण मंदिर का जीर्णोद्वार करीब 1988 में पूरा हुआ व उसके एक सप्ताह बाद ही अमृतसर के शिव मंदिर के बाहर किए गए भयानक विस्फोट में कई लोगों की मौत हो गई और 40 से अधिक घायल हो गए और यह लगभग सभी हिंदू थे। सोमवार की रात मंदिर के मुख्य द्वार के बाहर सैकड़ों भक्त, जिनमें अधिकांश दुकानदार थे, अपनी दुकानें बंद करने के बाद पूजा करने के लिए एकत्र हुए थे। सोमवार को शिव मंदिरों में भीड़ को देखते हुए इस स्थल को चुना गया। इसी दिन अमृतसर में ही दूसरा विस्फोट कटरा अलहुवालिया, एक कपड़ा बाजार, जहाँ कई शेयर दलाल इकट्ठा होते हैं, में किया गया। शाम 7 बजे जब अधिकांश दुकानदार और कपड़ा मिल एजेंट अंतिम समय के आदेश देने के लिए चौक पर इकट्ठा होते हैं, विस्फोट हुआ। इसमें भी 28 लोगों की मौत हो गई और 50 घायल हो गए थे।

लालकृष्ण आडवाणी की आत्मकथात्मक पुस्तक 'माई कंट्री, माई लाइफ 'को अब तक का पंजाब त्रासदी का सबसे पुख्ता सबूत कहा जाता है। उनका मानना है कि पंजाब त्रासदी कांग्रेस की पंजाब विरोधी और सिख विरोधी नीतियों का परिणाम थी। किताब के अनुसार कांग्रेस की नीतियों ने अकाली प्रभाव को कम करने, कांग्रेस पार्टी के भीतर प्रतिद्वंद्वी समूहों के बीच विवाद को मिटाने के लिए यह सब किया। पुस्तक में यह भी दिखाया गया है कि कैसे सिखों के देशभक्त समुदाय को इंदिरा गांधी और उनके बेटे राजीव गांधी दोनों ने राष्ट्र-विरोधी और आतंकवादी के रूप में चित्रित किया था, जिन्होंने 1984 में इंदिरा की हत्या के बाद निर्दोष सिखों के नरसंहार को 'मामूली भूकंप के बाद' कहकर उचित ठहराया था। आडवाणी न केवल ऑप्रेशन ब्लूस्टार को 'भारत के इतिहास में सबसे दर्दनाक क्षण 'के रूप में वर्णित करते हैं, बल्कि वह यह मानते हैं कि इस ऑप्रेशन की आवश्यकता और इसके सभी दुखद परिणामों को आसानी से टाला जा सकता था।

पंजाब के पूर्व पुलिस प्रमुख व प्रकाशक और संपादक, संघर्ष प्रबंधन संस्थान के संस्थापक अध्यक्ष और राष्ट्रीय सुरक्षा सलाहकार बोर्ड (एनएसएबी) के सदस्य रहे के.पी.एस. गिल ने 'एंडगेम इन पंजाब : 1988-93 'भारतीय पुलिस सेवा के असम कैडर के इस अधिकारी ने लिखा कि खालिस्तान के निर्माण का आंदोलन दुनिया के सबसे उग्र आतंकवादी अभियानों में से एक था। यह आंदोलन वर्ष 1980 के दशक की शुरुआत में कट्टरपंथियों के एक समूह द्वारा शुरू किया गया था, जिन्होंने सिख धार्मिक पहचान में अपने औचित्य की खोज की, और देश और विदेश में राजनीतिक अवसरवादियों के एक समूह द्वारा समर्थित इस आंदोलन के पराजित होने से पहले करीब 21,469 लोगों की जान चली गई थी। हज़ारों अन्य लोग घायल और अपंग हो गए, विस्थापन के अनुभव, अपनों की अकारण मृत्यु और एक दशक से भी अधिक समय तक सहने वाले निरंतर आतंक से हजारों स्थायी रूप से जख्मी हो गए। पंजाब में आतंकवाद की हार स्पष्ट रूप से सुरक्षा बलों द्वारा राज्य में लागू किए गए आतंकवाद विरोधी उपायों का परिणाम था। गिल ने लिखा, 'मैं यह साबित करना चाहता हूं कि हर बार सुरक्षा बलों द्वारा किए गए ऑप्रेशनों को कमजोर करके, आतंकवादियों और उनके समर्थन वाले संगठनों के साथ बातचीत के माध्यम से, दिल जीतने के संदर्भित उपायों से एक 'राजनीतिक समाधान 'तलाशा गया लेकिन इस तुष्टीकरण की नीति से आतंकवाद बढ़ा, यह राष्ट्र की अखंडता के लिए खतरा बना और आतंकवाद के निर्दोष शिकार कई गुना बढ़ गए।'

पंजाब में आतंकवाद विरोधी रणनीति ने चरम और व्यापक उग्रवाद की स्थितियों की स्थापित परंपराओं को भी चुनौती दी। गिल का मानना है कि एक बार जब राजनीतिक हिंसा एक निश्चित सीमा से आगे बढ़ जाती है तो सेना को अंतिम उपाय के रूप में माना जाता है। भारत के अधिकांश अभियानों में यही स्थिति थी और बनी हुई है। गिल ने लिखा, 'पंजाब के सिखों ने अलग राज्य के निर्माण के लिए आंदोलन चलाया पर तथ्य यह है कि खालिस्तान के लिए आंदोलन का निर्माण घटिया राजनीति, बेईमानी और खूनी खेल और सत्ता के लिए एक बेशर्म खेला किया गया था। यहाँ यह बताना पर्याप्त होगा कि राज्य और राष्ट्रीय क्षेत्र के प्रत्येक प्रमुख राजनीतिक खिलाड़ी ने इसके निर्माण में भाग लिया था। इसमें कांग्रेस (आई) और अकाली दल सबसे अधिक दोषी थे। वास्तव में यह पहला चरण था जहाँ राजनीतिक हस्तक्षेप से एक हानिकारक नीति ने संकल्प के लिए नहीं, बल्कि आतंकवाद के निर्माण और पोषण के लिए योगदान दिया। आतंकवादी तत्वों के तुष्टीकरण की नीति के चलते आतंकवाद बढ़ा, जो निश्चित रूप से राष्ट्र की अखंडता के लिए खतरा था।'

भारतीय सुरक्षा अधिकारियों के समाचारपत्रों में छपे बयानों के अनुसार आईएसआई 2019 से पंजाब और जम्मू-कश्मीर के सीमावर्ती इलाकों में हथियारों और ड्रग्स को उतारने के लिए ड्रोन का इस्तेमाल कर रही है। जून, 2021 में ड्रोन से जम्मू में सैन्य ठिकाने पर हुआ हमला इसका प्रमाण भी है। केंद्र और पंजाब सुरक्षा एजेंसियों का यह भी मानना है कि खालिस्तान आतंकवादी धार्मिक संगठनों व किसान आंदोलन का उपयोग कर पंजाब के युवाओं को अपनी ओर आकर्षित करने के लिए देश विरोधी गतिविधियों के लिए करोड़ों के इनाम घोषित कर रहे हैं। पंजाब में सत्तारूढ़ कांग्रेस के ही लुधियाना से सांसद रवनीत सिंह बिट्टू ने भी आरोप लगाया था कि खालिस्तानी तत्वों ने पिछले नवंबर से दिल्ली की सीमाओं पर हो रहे किसानों के आंदोलन में घुसपैठ की है। उन्होंने सिंघु सीमा पर कुछ माह पूर्व उन पर हुए हमले के लिए खालिस्तान समर्थकों को जिम्मेदार ठहराया था। किसान नेता कहते हैं कि ये आंदोलन किसानों का है। किसी पन्नू से इसका कोई लेना-देना नहीं है। जब उसने आंदोलन के शुरू में धरना स्थल पर अपने पोस्टर लगवाए थे, तभी उन्हें हटवा दिया गया था। संयुक्त किसान मोर्चा, ऐसे लोगों से कोई सम्बंध नहीं रखता।

कनाडा, अमेरिका और ब्रिटेन में समृद्ध सिख समुदाय खालिस्तान आंदोलन को पुनः शुरू करने का, किसान आंदोलन को मंच मान कर, हर सम्भव सहायता प्रदान कर रहे हैं। सुरक्षा एजेंसियां कह रही हैं कि इसमें खालिस्तान नेटवर्क के अलावा सिख फॉर जस्टिस (एसएफजे) और कनाडा स्थित पोएटिक जस्टिस फाउंडेशन (पीजेएफ) जैसे संगठन शामिल हैं। उनका गठन और प्रचार, उनके देशों में गुरुद्वारों के माध्यम से भी किया जाता है। वर्ष 2007 में एक अप्रवासी कैब ड्राइवर से वकील बने पन्नू ने एसएफजे को 1984 के दंगों के पीड़ितों के लिए न्याय दिलाने के लिए शुरू किया था।

वर्ष 2019 में, भारत सरकार ने पंजाब को स्वायत्तता प्रदान करने के लिए 2020 में सिख प्रवासियों द्वारा 'जनमत संग्रह 'की घोषणा करने के चलते एसएफजे पर प्रतिबंध लगा दिया था। श्री अकाल तख्त के जत्थेदार 'हर सिख चाहता है खालिस्तान 'के बयान से उत्साहित होकर विदेशों में बैठे खालिस्तान समर्थक सक्रिय हो गए हैं। खालिस्तान की मूवमेंट को हवा देने के लिए रेफरेंडम 2020 के माध्यम से पंजाब के नौजवानों को गुमराह कर रही संस्था सिख फॉर जस्टिस (एसएफजे) के सलाहकार गुरपतवंत सिंह पन्नू ने जत्थेदार ज्ञानी हरप्रीत सिंह को एक पत्र लिखा, जिसमें कहा है कि वह पंजाब में 4 जुलाई, 2020 को जनमत के लिए मतदाता पंजीकरण शुरू कर रहा है। इस प्रयास में सिख फॉर जस्टिस श्री अकाल तख्त

साहिब का आशीर्वाद चाहता है। पत्र में पन्नू ने चार जुलाई, 1955 की उस घटना का भी उल्लेख किया, जिसमें तत्कालीन प्रधानमंत्री जवाहरलाल नेहरू और पंजाब के तत्कालीन मुख्यमंत्री भीम सेन सच्चर के शासन काल के समय पंजाब पुलिस श्रीहरमंदिर साहिब में प्रवेश कर गई थी। पंजाबी सूबे की मांग को लेकर आंदोलन कर रही तत्कालीन अकाली लीडरशिप और उनके हजारों समर्थकों को बाहर निकालने के लिए तत्कालीन जालंधर रेंज के पुलिस अधिकारी अश्वनी कुमार ने अगुवाई की थी। पन्नू ने जत्थेदार से आग्रह किया कि श्रीदरबार साहिब के खिलाफ पुलिस की कार्रवाई के 65वें वर्ष में इस साल चार जुलाई को अकाल तख्त साहिब में अरदास में शामिल होने के लिए संगत को आमंत्रित किये जाने की मांग की थी।

पंजाब भारत का वह राज्य है, जिसने देश के विभाजन के दर्द को सबसे अधिक भोगा है। राज्य दो भागों में विभाजित कर पश्चिमी भाग को पाकिस्तान में और पूर्वी भाग को भारत को सौंपा गया। वर्ष 1921 की जनगणना रिपोर्ट के अनुसार, पंजाब के अधिकांश पश्चिमी क्षेत्र मुस्लिम बहुल थे। हिंदू पहाड़ी क्षेत्रों और दक्षिणी जिलों में अधिक संख्या में थे। वह बंटवारा केवल देश का बंटवारा नहीं था, कहीं न कहीं सामाजिक रिश्तों का भी बंटवारा था। पहले पंजाब में सिख व मुसलमान बंटे फिर अलग सिख राज्य (खालिस्तान) का सपना दिखाकर हिन्दू-सिखों को बांटा गया। इनकी इस लड़ाई में ईसाई धर्म में पंजाब में कितनी तेज़ी से धर्मांतरण हुआ, इस पर तो किसी का ध्यान ही नहीं गया। हालांकि, भारत में सबको किसी भी धर्म को अपनाने की आज़ादी है, पर राज्य का गरीब तबका ईसाई धर्म की ओर क्यों मुड़ा, यह तो किसी ने विचार नहीं किया। पंजाब के कुछ जिलों में तो अब हालात यह हैं कि राजनीतिक दलों ने वोट की राजनीति के लिए ईसाइयों के अलग प्रकोष्ठ तक बना लिए हैं। सिख लड़कियों के धर्मांतरण के मामले भी अब सामने आने लगे हैं।

1985 में शिरोमणि गुरुद्वारा प्रबंधक कमेटी ने ऑप्रेशन ब्लूस्टार से संबंधित 1,000 करोड़ के हर्जाने का मुकदमा दायर किया था। मामला लंबित है, और अब अदालत के आदेश पर, शीर्ष सिख धार्मिक गठन केंद्र सरकार के साथ अदालत के बाहर समाधान के लिए बातचीत शुरू करने की इच्छा व्यक्त कर रहा है। शिरोमणि गुरुद्वारा प्रबंधक कमेटी के पूर्व अध्यक्ष गुरचरण सिंह टोहरा के नेतृत्व में दिल्ली उच्च न्यायालय में यह मुकदमा दायर किया था। इनके वकील भगवंत सिंह सियालका ने हाल ही में बयान दिया है कि वह इस मुद्दे पर प्रधानमंत्री नरेंद्र मोदी को पत्र लिखने जा रहे हैं। आतंकवाद के एक दशक में तोड़े गए हिन्दू मंदिरों का हिसाब कौन मांगेगा, यह तो हिन्दू कभी तय ही नहीं कर पाये।

वर्ष 2008 में पंजाब सरकार ने लगभग 4,900 दिल्ली दंगों के सिख पीड़ितों को पटियाला के संभागीय आयुक्त एस.के. अहलूवालिया को 3,600 से अधिक नए आवेदकों को मुआवजे और लाल कार्ड जारी करने, 1300 खारिज किए गए मामलों पर नए सिरे से विचार करने के निर्देश दिए। तत्कालीन मुख्य सचिव ने लुधियाना जिला प्रशासन और दंगा पीड़ित कल्याण संघ के बीच चल रहे विवाद को खत्म करते हुए रेड कार्ड के 3600 आवेदकों के इंटरव्यू तत्काल प्रभाव से रोक दिए। इनके आवेदनों पर विचार करने के लिए लुधियाना के तत्कालीन जिला मजिस्ट्रेट और दंगा पीड़ितों के प्रतिनिधि सुरजीत सिंह के साथ तीन सदस्यीय समिति का गठन किया, जिसने सभी मामलों पर नए सिरे से जांच की। कमेटी ने विचार करते हुए लुधियाना, रोपड़, पटियाला, मोहाली और जालंधर के जिला मजिस्ट्रेटों को भी बुलाया था। इसमें खाद्य एवं आपूर्ति और अन्य विभागों के अधिकारियों को भी बुलाया गया। तत्कालीन पंजाब सरकार ने तो गुरुद्वारा प्रबंधन कमेटी और गैर-सरकारी संगठनों द्वारा दिल्ली से आये दंगा पीड़ितों को दिए गए शपथपत्र, कि उसने दंगों के दौरान उनके परिसर में शरण ली थी, उसे प्रमाण के रूप में स्वीकार करने के आदेश दे दिए थे। इसके विपरीत दिल्ली में जब दिल्ली विकास प्राधिकरण ने पंजाब के प्रवासियों के लिए आवासीय योजना की घोषणा की तो ऐसे-ऐसे दस्तावेज़ मांगे गए कि कई लोग अपने प्रमाणपत्र सत्यापित ही नहीं कर पाये। इनमें एक मामले में दिल्ली उच्च न्यायालय में वर्ष 2013 की सिविल रिट याचिका (संख्या 3024, 11.07.2013) में याचिकाकर्ता ने दिल्ली विकास प्राधिकरण द्वारा पंजाब के प्रवासियों के लिए निकाली गई आवासीय योजना में आवंटन दिया था पर उसे अस्वीकार कर दिया गया था। याचिकाकर्ता ने कहा था कि उसके पिता स्वर्गीय कस्तूरी लाल अपने परिवार के सदस्यों के साथ वर्ष 1990 में पंजाब से दिल्ली आये थे, जिसकी सूचना 26 मार्च,1990 को पंजाबी भवन, नई दिल्ली में आवासीय आयुक्त, पंजाब सरकार को दी गई थी। उन्होंने अपना राशन कार्ड उपायुक्त, दिल्ली के कार्यालय प्रभारी को जमा कराया। 26 जून, 1991 को शाहदरा के रोहताश नगर में उनकी मृत्यु हो गई, जहाँ उन्हें उनकी बेटी इलाज के लिए ले गई थी। याचिका में कहा गया कि पंजाब से पलायन कर आये लोगों के लिए बनाये अस्थाई शिविरों को 26 जुलाई, 2001 को ध्वस्त कर दिया गया था और तब से याचिकाकर्ता अपने परिवार के सदस्यों के साथ सी-240, पीरागढ़ी कैंप में रहने लगा। इसके बाद पंजाब से पलायन कर आये लोगों के लिए दिल्ली विकास प्राधिकरण ने आवास योजना घोषित की। पंजाब प्रवासियों के पुनर्वास की इस योजना के लिए पंजाब माइग्रेंट्स वेलफेयर एसोसिएशन द्वारा एनसीटी दिल्ली सरकार और डीडीए के खिलाफ दायर याचिका, (डब्ल्यूपी (सी) नंबर 13741/2004) में इस कोर्ट द्वारा पारित एक आदेश (27.07.2006) का हवाला

देते हुए ऐसे लोगों को अपने प्रमाणपत्र देने के लिए अंतिम अवसर मांगा गया, जो अपनी पात्रता सत्यापित नहीं कर पा रहे थे। एसडीएम, पंजाबी बाग के माध्यम से, याचिकाकर्ता ने भी उक्त योजना के तहत आवंटन के लिए अपना दावा पेश किया। एसडीएम ने उनके द्वारा पेश किए गए सबूतों को खारिज कर दिया था। सत्यापन के दौरान, एसडीएम ने पाया कि याचिकाकर्ता का नाम पूर्वोक्त योजना के तहत पुनः आवंटन के लिए पात्र पंजाब प्रवासियों की किसी भी स्वीकृत राहत सूची में नहीं था। उक्त सूचियां पीरागढ़ी और ज्वालापुरी शिविरों में प्रवासियों के भौतिक सत्यापन के बाद तैयार की गई थीं। एसडीएम के आदेशों में कहा गया कि याचिकाकर्ता उक्त राहत सूची तैयार करने के समय राहत शिविरों में नहीं रह रहा था अतः उसे पुनः आवंटन के लिए पात्र नहीं घोषित किया जा सकता। ऐसे अनेक मामले हैं, जहाँ आर्थिक तंगी के चलते यह लोग न्याय के लिए अदालतों के द्वार नहीं खटखटा पाये। पीरागढ़ी शिविर में आज भी कई लोग यह दस्तावेज़ लेकर बैठे हैं और जो भी वोट मांगने आता है, उसे दिखाते भी हैं। होता वही है, नेता कागज़ लेकर अपने पीछे चलने वालों को पकड़ा देते हैं, बाद में कौन याद रखता है। इतना ही नहीं, दिल्ली की अदालतों में ऐसे मामले भी लम्बित हैं अथवा खारिज कर दिए गए जहाँ पंजाब से पलायन कर आये लोगों के लिए निकाले गए फ्लैट अवैध लोगों को अलॉट कर दिए गए। (अश्वनी कुमार भास्कर बनाम सरकार (एनसीटी ऑफ दिल्ली, दिल्ली हाईकोर्ट, दिसम्बर 8, 2011) ऐसा नहीं कि दिल्ली पलायन कर गए हिन्दुओं को प्लॉट व फ्लैट आदि नहीं मिले। मिले, पर जब वह मिले तो लोग रिफ्यूजी कैम्पों के आस-पास अपने धंधे जमा चुके थे, अतः दूर दराज़ के इलाकों में जाने का मतलब होता नए सिरे से धंधा जमाना।

पंजाब की विभिन्न सरकारें दिल्ली के सिख दंगा पीड़ितों के लिए तो दरियादिली दिखाती रही व पंजाब में रह रहे पंजाबी हिन्दू आज तक रेड-कार्ड के लिए भटक रहे हैं। स्वामी पंचानंद गिरी कहते हैं कि पंजाब सरकार ने यह जानने की कभी कोशिश नहीं की कि दिल्ली से आये कितने लोग दिल्ली की सरकार व केन्द्र सरकार से मुआवज़ा आदि ले चुके हैं या पंजाब सरकार से मुआवज़ा लेकर दिल्ली लौट गए ।

पंजाब का आतंकवाद से प्रभावित हिन्दू तो अपने हाथ में उन प्रथम सूचना रपटों की प्रतियां लेकर भटक रहे हैं, जिनमें उनके परिजनों के आतंकियों की गोली से मारे जाने की रिपोर्ट है पर उसे तो उन्हें इस वर्ग के लाभ देने के लिए मान्यता नहीं दी जा रही व दिल्ली दंगा पीड़ित किसी सराय, गुरुद्वारे आदि से लिखा कर लाते हैं कि वह दंगा पीड़ित हैं, उन्हें सभी लाभ मिल रहे हैं। 17 सितंबर, 2019 को अदालत ने उन सिख विरोधी दंगा पीड़ितों या उनके परिवारों को बड़ी राहत दी, जिनके रेड-कार्ड

पंजाब सरकार द्वारा कुछ कारणों से रद्द कर दिए गए थे। दंगा पीड़ितों के प्रतिनिधि होने का दावा करने वाली एक स्वयंभू संस्था ने एक याचिका (2017) में दावा किया था कि ऐसे लोगों की संख्या 20,015 है।

1984 के दिल्ली सिख विरोधी दंगों से प्रभावित लोगों के लिए गठित कत्ले-आम पीड़ित वेलफेयर सोसायटी के पदाधिकारियों ने उन 160 दंगा पीड़ितों या उनके परिवारों को, जिनके लाल कार्ड रद्द कर दिए गए थे, के लाल कार्डों की बहाली के लिए वित्तीय आयुक्त राजस्व के पास अपील दायर करने के लिए कहा। इस संबंध में सुरजीत सिंह, अध्यक्ष, और समाज की महिला विंग की प्रमुख गुरदीप कौर ने इन आदेशों के तुरन्त बाद कहा था कि हाईकोर्ट में वित्तीय लाभ की वसूली और दुकानों या फ्लैटों के आवंटन को रद्द करने के लिए 'फर्जी 'रेड-कार्ड धारकों के खिलाफ कार्रवाई करने का अनुरोध करने वाली याचिका खारिज कर दी गई है।

एक ओर तो दिल्ली के दंगा पीड़ितों के रेड-कार्ड जायज़ ठहराये गए व दूसरी ओर हिन्दू आज भी लाल-कार्ड के लिए भटक रहे हैं। जो लोग सरकारी कर्मचारी थे अथवा पुलिस में नौकरी करते थे, उन्हें तो केवल विभाग की ओर से या तो 2-2 लाख रुपये मिले या फिर एक लाख का एक्स-ग्रेसिया ग्रांट मिला। पंजाब का हिन्दू अपने साथ हो रहे सौतेले व्यवहार को समझ ही नहीं पा रहा है।

हिन्दुओं को मलाल है कि दिल्ली के सिख विरोधी दंगा पीड़ितों को तो दिल्ली सरकार, केन्द्र सरकार ने भी सहायता की व पंजाब सरकार ने भी उनके लिए सभी दरवाज़े खोले पर पंजाब में रह रहे व पंजाब से पलायन कर चुके आतंकवाद प्रभावित हिन्दू आज भी भटक रहे हैं। पंजाब में पंजाबी हिन्दू अब अपनी आवाज खो रहा है। पंजाब में हिन्दूवादी संगठन भी बहुसंख्यक सिख समुदाय को नाराज़ न करने की नीतियों के चलते हिन्दुओं को हाशिये पर धकेलती जा रही है। पंजाब में पूर्व की अकाली-भाजपा सरकार मज़बूती का दावा तो करती रही पर आज तक पंजाब में अपना अस्तित्व बचाने की लड़ाई ही हिन्दूवादी संगठन लड़ते रहे। पंजाब में प्रमुख हिन्दू नेता, जो सत्ता में भी रहे, को उंगलियों पर गिना जा सकता है। अब पंजाब के हिन्दुओं का कोई राजनीतिक और सामाजिक एजेंडा नहीं रहा। पंजाब का हिन्दू चाहे पंजाब में अल्पसंख्यक है, फिर भी 38 प्रतिशत आबादी के साथ बहुत मजबूत बन सकता है पर उसके लिए उसे जाति, सम्प्रदाय, धार्मिक मान्यताओं, राजनेताओं के बहकावे से ऊपर उठकर एकजुट होना होगा।

अब समय आ गया है कि सभी हिन्दू संगठनों को एकजुटता के साथ पंजाब में अपनी वर्षों पुरानी संस्कृति व पहचान को बचाने के लिए भय से बाहर निकलना होगा ताकि पंजाब फिर से हिन्दू-सिख एकता का उदाहरण बन सके। इसमें कोई संदेह नहीं है कि पंजाब में आज भी हिंदू परिवारों को आतंकित किया जा रहा है। उन्हें जान-बूझकर एक भयावह रणनीति के तहत पंजाब छोड़ने के लिए मजबूर किया जा रहा है। आतंकवाद के आरम्भ में केवल तरन तारन, अजनाला और पट्टी में दीवारों पर पोस्टर दिखाई देते थे जिन पर 'खालिस्तान कमांडो फोर्स 'के हस्ताक्षर होते थे, जिसमें चेतावनी दी जाती थी कि एक महीने के भीतर सभी हिंदुओं को पंजाब खाली कर देना चाहिए और जो लोग उनको संरक्षण दे रहे हैं, उन्हें भी पंजाब छोड़ देना चाहिए। यदि वे ऐसा नहीं करते हैं तो उन्हें मार डाला जाएगा और उनके घरों को जला दिया जाएगा।

पंजाब में भयानक हिंसा के साथ-साथ उग्र हिंदू विरोधी बयानबाजी और प्रचार था जिसने राज्य के अल्पसंख्यक हिंदू समुदाय को भयभीत किया और हिंदुओं के खिलाफ हिंसा को प्रोत्साहित किया। यह भिंडरांवाले के नेतृत्व में उग्रवादियों द्वारा राज्य के सामाजिक ताने-बाने को बाधित करने और हिंदुओं और सिखों के बीच के रिश्तों को तार-तार करने की साजिश का हिस्सा था। ऐतिहासिक रूप से इन दोनों समुदायों में मजबूत संबंध रहे, धार्मिक परंपराओं को साझा किया और अंतर्जातीय विवाह भी किए। इन रिश्तों को दुश्मनी में बदलने के लिए गायों को पवित्र मानने वाले हिंदुओं को डराने के लिए राज्य के कई हिंदू मंदिरों में गायों के सिर काट कर फेंके गए।

इन इलाकों में रह रहे हिन्दू आज भी डर-डर कर जी रहे हैं। वे अपने त्योहार भी खुल कर नहीं मनाते। इन इलाकों के दौरे के दौरान आश्चर्य हुआ कि लोग आप बीती सुनाना तो चाहते हैं पर अपने नाम व पते छपवाना नहीं चाहते। किस प्रकार रातोंरात उनके घरों के बाहर मकान खाली करने के नोटिस लगा दिए जाते थे और नोटिस पर मालिकों का नाम भी लिखा होता था। अमृतसर में कृष्ण नगर मोहल्ले के हिंदुओं और स्वर्ण मंदिर के सिख युवकों के बीच भावनात्मक दूरी अब भी कायम है। कृष्ण नगर, जो स्वर्ण मंदिर से केवल पांच मिनट की दूरी पर है, में रह रहे हिन्दुओं को आज भी 21 मई, 1986 का दिन याद है। यहाँ के कुछ वरिष्ठ नागरिकों ने बताया कि किस प्रकार यहाँ की तंग गलियों में 'खालिस्तान जिन्दाबाद 'के नारे लगाते हुए निकले लोगों ने हिंदू की तरह दिखने वाले लोगों को गोलियां मार दी थीं। यहाँ के एक बुजुर्ग ने बताया कि एक सिख नौजवान ने उन्हें ऐसा करने से रोका था पर उसे

भी गोली मार दी गई। अगले दिन, एआईएसएसएफ नेता हरिंदर सिंह कहलों ने एक बयान जारी कर कहा कि वह कृष्ण नगर में मारे गए लोगों के लिए शोक नहीं कर सकते क्योंकि उनमें से कोई भी निर्दोष नहीं था, वह सब शिवसेना के कार्यकर्ता थे।

उस समय जिन हिन्दुओं की सम्पत्तियां हथियाई गईं, उन्हें वापस दिलाने अथवा बदले में मुआवज़ा या मकान देने की न तो किसी ने नियत दिखाई न ही कोई नीति बनी। लोगों ने बताया कि केवल पोस्टर ही नहीं, टेलीफोन और हैंडबिल पर भी उनके घरों के बाहर चस्पा किए जाते थे जिन पर धमकी दी जाती थी कि यदि हिंदू चेतावनी पर ध्यान नहीं देते हैं तो हिंदू महिलाओं से छेड़छाड़ की जाएगी और बच्चों का नरसंहार किया जाएगा। हिन्दू समुदाय, जो दहशत के दौर से गुज़रा था, उसे अकाली-भाजपा की राज्य सरकार व भाजपा की केन्द्र सरकार से बड़ी उम्मीदें थीं लेकिन फिर पिछले कुछ समय से वह फिर हत्याओं का सामना कर रहा है।

ऐसा नहीं है कि वर्तमान केन्द्र सरकार को पंजाब की स्थिति की जनकारी नहीं है। सरकार के सुरक्षा सलाहकार अजीत डोभाल की ऑप्रेशन ब्लैक थंडर-2 की भूमिका को देखते हुए तो यह माना जा सकता है कि सरकार यह जानती है कि अगर पंजाब में फिर से आतंकवाद पनपता है तो हिन्दुओं की सुरक्षा सबसे बड़ा मुद्दा हो सकता है। वर्ष 2011 में अजीत डोभाल ने उक्त ऑप्रेशन में इंटेलिजेंस ब्यूरो (आईबी) की भूमिका का ज़िक्र एक किताब का परिचय लिखते हुए किया था।

इंटेलिजेंस ब्यूरो (आईबी) के एक पूर्व संयुक्त निदेशक, एमके धर, ने अपनी किताब, कॉलम, में लिखा कि ऑप्रेशन से करीब दो महीने पहले आईबी ने चुपचाप तत्कालीन अकाल तख्त जत्थेदार जसबीर सिंह रोडे को एके -47 की आपूर्ति शुरू कर दी थी जो संयोग से जरनैल सिंह भिंडरांवाले के भतीजे थे। रोडे, एक आईबी ऑपरेटिव, जिसे अकाल तख्त का जत्थेदार नियुक्त किया गया था, को मंदिर परिसर में आतंकवादी गिरोहों को बेअसर करने के लिए 15 सदस्यीय दस्ते के साथ यह काम सौंपा गया। धर स्वयं पंजाब में आईबी के ऑप्रेशन में शामिल थे। नेशनल सुरक्षा सलाहकार डोभाल उस समय एजेंसी के संयुक्त निदेशक थे, और ऑप्रेशन ब्लैक थंडर से जुड़े थे। इन प्रमाणों से यह तो कह सकते हैं कि रोडे और डोभाल भली-भांति परिचित थे।

पत्रकार शेखर गुप्ता ने 2016 में लिखा था कि ऑप्रेशन ब्लैक थंडर चरण (1989-90) में मारे गए या पकड़े गए प्रत्येक ए या बी श्रेणी के पंजाब के आतंकवादी को 'कैच डोभाल, बोल्ड गिल' के रूप में जाना जाना चाहिए। अंतिम चरण में डोभाल

देश भर में खालिस्तान आतंकवादियों पर नज़र रखते रहे। डोभाल तब आईबी के संयुक्त निदेशक थे। हालांकि उस समय केवल एक चश्मदीद गवाह, सेवानिवृत्त कर्नल करण खरब, ने उनका उल्लेख किया। जून 2014 में उन्होंने लिखा, 'जब अजीत डोभाल वहाँ पहुंचे तो हर कोई उन्हें नहीं जानता था। इस ऑप्रेशन में इनकी भूमिका के बारे में हममें से कुछ लोग ही जानते थे। उन्होंने स्वर्ण मंदिर परिसर के अंदर जो कुछ भी हो रहा था, उसका प्रत्यक्ष विवरण दिया। व्यक्तिगत सुरक्षा की परवाह किए बिना, वह पूरे परिसर में इधर-उधर घूमता रहा, यहाँ तक कि चारों ओर से गोलियों की बारिश भी हो रही थी। बहुत बाद में हमें पता चला कि उसने खुद को आईएसआई के एजेंट के रूप में आतंकवादियों के बीच में जगह दी थी'। अतः डोभाल जानते हैं कि पंजाब में आज भी कहाँ-कहाँ व कौन-कौन हिन्दू विरोधी गतिविधियों में सक्रिय हो सकता है।

पंजाब से हिंदुओं का जबरन पलायन और उनका नरसंहार अनकहा है। जैसा कि हिंदुओं के साथ होता है, वह अपना दर्द भूलकर नए सिरे से ज़िन्दगी की तलाश में लग गए। बिखरे टुकड़े उठाते-उठाते वह अपने हकों के लिए लड़ने का साहस ही नहीं जुटा पाये। सम्भवतः यही कारण है कि आज स्वामी पंचानंद गिरी (जूना अखाड़ा) व अरुण खन्ना, सचिव–दुर्गियाना मंदिर, अमृतसर) जैसे बड़े हिन्दू नेताओं को कहना पड़ रहा है कि हिन्दू अपनी हालत का स्वयं जिम्मेदार है। वह एक साथ लड़ने की बजाय जाति में बंटा व फिर राजनीतिज्ञों ने उसे अपने-अपने दलों में शामिल कर बांट दिया।

अध्याय -8

चुनाव में ड्यूटी लगी थी- इसलिए गोली मार दी

वेद प्रकाश पुरी, गांव एवं डाकखाना, उच्चा पिंड (संघोल), जिला फतेहगढ़ साहिब

10.2.1992 को इन्हें यहीं के स्कूल में ही गोली मारी गई। इनका कसूर इतना था कि सरकार ने इनकी ड्यूटी चुनावों के संचालन में लगा दी थी। करीब 25 वर्ष की सेवा के बाद ड्यूटी के दौरान मारे गये इस हिन्दू अध्यापक को केवल शिक्षा विभाग से आज तक दो लाख रुपये का ही मुआवज़ा मिला। केवल एक रेड-कार्ड मिलने की उम्मीद में 23 अप्रैल, 2021 को इनकी धर्मपत्नी रक्षा देवी भी इस संसार से चली गई। इस वारदात को बयां करते उनके बेटे के आंसू इस कदर छलके मानो पूरा हादसा उनकी आंखों के आगे पुनः जीवित हो गया।

उनके बेटे मुकेश कुमार पुरी को आज भी मलाल है कि पंजाब में आतंकवाद से प्रभावित हिन्दुओं को इंसान ही नहीं माना गया। उनके आंसू इसलिए नहीं रुके कि आज तक उनका हाल भी किसी ने नहीं पूछा। इनके पिता, वेद प्रकाश पुरी को उनके सरकारी कार्यालय में वर्ष 1992 में केवल इसलिए गोली मारी गई क्योंकि शिक्षा विभाग में कार्यरत होने के कारण उनकी चुनाव संचालन में ड्यूटी लगी थी। पंजाब में आतंकवाद फैला रहा जो धड़ा चुनाव नहीं चाहता था, उसने चुनाव ड्यूटी पर लगे अध्यापकों को धमकियां देनी शुरू की। उस दिन केवल वेद प्रकाश को ही नहीं, अपितु पंजाब में अनेक स्थानों पर चुनावी ड्यूटी में लगे शिक्षा विभाग के कर्मचारियों को निशाना बनाया गया। मुकेश ने बताया कि उस समय तो हिन्दू परिवारों को प्रत्यक्ष धमकियां मिल रही थीं लेकिन आतंकवाद खत्म होने के बाद भी अप्रत्यक्ष धमकियों का सिलसिला जारी रहा, वह आज तक भी जारी है।

आज भी मुकेश कुमार पुरी के आंसू नहीं थमते, पिता को याद कर

उन्हें दुख है कि वर्ष 1984 के दिल्ली नरसंहार से (अ)प्रभावित लोग पंजाब आये, लोगों को तो मुआवज़े के रूप में प्लॉट व नकदी मिली, लेकिन जो पंजाबी हिन्दू पंजाब में ही आतंकवादियों द्वारा मारे गए, उन्हें तो रेड-कार्ड भी नहीं मिले। मुकेश ने बताया कि उनकी स्वर्गीय माता जी रेड-कार्ड के लिए सरकारी दफ्तरों के चक्कर काटती रही पर उन्हें यह कहकर रेड-कार्ड नहीं दिया गया कि उनके पति सरकारी कर्मचारी थे। ऐसी नाइन्साफी को रोपड़ के पुलिस प्रमुख द्वारा जिला मजिस्ट्रेट को लिखा वह पत्र भी बयान करता है, जिसमें उन्होंने आतंकवाद के दौर में लोगों को बचाते हुए मारे गए 41 पुलिसकर्मियों के परिवार वालों को रेड-कार्ड जारी करने की मांग की थी। रेड-कार्ड पंजाब में आतंकवाद से प्रभावित लोगों को दिया जाता रहा है ताकि उन्हें उचित मुआवज़ा, उनके बच्चों को सरकारी नौकरियों में प्राथमिकता व अन्य सुविधायें मिल सकें। उनके आंसू तो यह बयां करते हुए भी नहीं रुके कि आतताइयों के डर से उनके पिता ने उनकी छोटी बहन की शादी छोटी उम्र में ही हरियाणा में कर दी। वह कहते हैं कि उस समय में हिन्दू परिवारों ने राज्य के बाहर अपनी बेटियों व बहनों की शादियां की ताकि उन्हें आतंकवादियों से सुरक्षित रखा जा सके। लड़कियों की शिक्षा अधूरी रखकर उनके हाथ राज्य से बाहर के लड़कों के हाथों में सौंपने पड़े। ऐसी बहुत-सी कहानियां पंजाब में बिखरी हैं, पर आज तक कोई सुनने वाला ही नहीं मिला। आतंकियों का निशाना बने हिन्दू सरकारी कर्मचारियों को तो संबंधित विभागों से दो-दो लाख रुपये मिले लेकिन जो सरकारी नौकरी में नहीं थे, उनके परिवार तो आज तक भटक रहे हैं। अब तो वह केवल इतना चाहते हैं कि उनके मृतकों को श्रद्धांजलि ही दे दी जाये।

सिखों की तरह हिन्दू अदालत में क्यों नहीं गए? इस बारे में मुकेश कहते हैं कि हिन्दू स्वभाव से शांत हैं, आज भी हिन्दुओं के घरों में हथियार नहीं मिलेंगे। उन्हें तो उम्मीद थी पंजाब की सरकारें, जिस प्रकार सिखों को मुआवज़ा बांट रही थीं, उसी प्रकार हिन्दुओं को भी दे देंगी लेकिन हिन्दू को इंसान समझा ही नहीं गया। उन्होंने बताया कि राजनीति तो तब शुरू हुई जब थोड़े विरोध के बाद कुछ हिन्दुओं को रेड-कार्ड मिला भी लेकिन तब तक उनकी आर्थिक हालत ऐसी हो चुकी थी कि अधिकांश तो प्लॉट की कीमतें भी अदा नहीं कर पाये और जो लोग कर सकते थे उन्हें रेड-कार्ड नहीं दिए गये। पंजाब से सबसे अधिक ऐसे डाक्टरों ने पलायन किया जो निजी क्लिनिक चला रहे थे। इनमें से अधिकांश लोग हरियाणा में बसे। वरिष्ठ नागरिकों को तो उनके घर के मोह ने पलायन नहीं करने दिया लेकिन बड़ी संख्या में हिन्दुओं ने अपने बच्चों को राज्य से बाहर भेज दिया।

दुखी मन से वह कहते हैं कि हिन्दुओं को मारा गया, परेशान किया गया तो कई लोगों ने आत्महत्यायें की। लेकिन नीतियां केवल कागज़ों में बनती रही, ज़मीनी हकीकत तो कुछ और ही रही। अब भी जो मारे गए लोगों के परिवारों से जानकारियां मांगी जा रही हैं, वह केवल एक खानापूर्ति है।

वह कहते हैं कि पंजाब में तो हिन्दू को इंसान ही नहीं समझा गया, इसीलिए मानवाधिकार सरीके आयोगों ने उनकी नहीं सुनी।

अध्याय-9

एक ही चिता में जले दो भाई

राकेश शर्मा (26वर्ष), अरुण शर्मा (24 वर्ष)
बटाला, जिला अमृतसर

92 वर्ष के पिता जे.एन. शर्मा (19.2.1930), 91 वर्ष की माता सरोज शर्मा का तो संसार ही 23 सितम्बर, 1991 की शाम को करीब 5:30 बजे खत्म हो गया। आज भी सूनी आंखें अपने लाडलों की प्रतीक्षा करती हैं, जबकि वह यह जानते हुए भी कि

दोनों भाइयों का एक ही दिन एक ही चिता पर दाह-संस्कार किया गया था। इनके साथ बटाला के इन्हीं के मोहल्ले का एक और नौजवान भी था, उसे भी इनके साथ बस से उतारकर इसलिए गोली मारी गई क्योंकि वे हिन्दू थे लेकिन गैर-हिन्दुओं को बख़्श दिया गया।

बसों से निकाल-निकालकर हिन्दुओं को अलग कर गोली मारने की पंजाब के उस दौर की इकलौती घटना नहीं है, हिन्दुओं को चुन-चुन कर मारना उस समय एक आम सी बात हो गई थी।

बटाला (अमृतसर) में आज भी अपने बेटों की प्रतीक्षा करतीं बूढ़ी आंखें

जे.एन.शर्मा, जिन्होंने 28 वर्ष तक सेना में आर्टिलरी में नौकरी की व वर्ष 1977 में सेवानिवृत्त होने के बाद बैंक में क़रीब 12 वर्ष तक नौकरी की, ने कभी नहीं सोचा था कि वर्ष 1990 में सेवानिवृत्त होने के क़रीब डेढ़ वर्ष बाद ही उनके बुढ़ापे के सहारे दोनों बेटों को इस कदर मार दिया जायेगा। जे.एन.शर्मा ने बताया कि वह पड़ोस की लड़की के साथ मंडी गोबिंदगढ़ से उसके भाई के साथ लौट रहे थे। रास्ते में नथ गांव में आतंकवादियों ने शाम के समय बस रोकी व उसे मोड़कर सुनसान जगह पर ले गए। बस से 8 लड़कों को उतारा, जिसमें इनके दोनों बेटे व दामाद भी शामिल थे। बड़े बेटे, राजेश ने बहन के पति को टांग मारकर खेतों में गिरा दिया जहाँ काम कर रहे लोगों ने उसे पराली से ढक दिया और वह बच गए। इसके अतिरिक्त एक अन्य नौजवान भी उन आतंकवादियों का निशाना बना, जो पास के गांव से पलायन कर बटाला आये थे ताकि आतंकवादियों से बचा जा सके। इन चारों को लाइन में खड़ा कर गोली से मार दिया गया। बटाला जैसे छोटे से शहर में एक ही दिन में इन

चार बच्चों की प्रार्थना सभा की गई। उस दिन शहर की शायद ही कोई आंख होगी जो नम न हुई हो।

जे.एन. शर्मा का इस उम्र में सहारा बनी उनकी बेटी, मधु शर्मा, आज भी भाइयों की तस्वीर देखकर अपने आंसू रोक नहीं पाती। मधु ने बताया कि उनके दोनों भाई एक साथ नहीं जाते थे। वे हमेशा कहते थे कि अगर एक मरा तो दूसरा तो ज़िन्दा रहेगा। उनका कहना था कि उस समय के माहौल में हिन्दुओं के लिए हर पल खतरा था। उस दिन शायद होनी को यही मंज़ूर थी जब दोनों भाई साथ चले गए। जे.एन. शर्मा, जो दैनिक प्रार्थना सभा में व्यस्त रहते हैं, को यह ग़म भी है कि उनके दोनों बेटे तो चले गए, तीन बेटियों में से दो के पति भी अब इस दुनिया में नहीं रहे। इस हादसे को अपनी आंखों से देखने के बाद उनका दामाद भी कई दिनों तक बोल ही नहीं पाया।

शर्मा जी ने बताया कि राज्य सरकार ने मुआवज़े के रूप में केवल एक लाख रुपये दिए लेकिन वह भी उन्होंने लोगों में बांट दिए। उन्हें रेड-कार्ड तो मिला, लेकिन वह उनके किसी काम का नहीं था। उन्होंने बताया कि उस हादसे के बाद एक स्थानीय समाचारपत्र ने यह भी लिखा कि चूंकि वह हिन्दूवादी विचारधारा वाले लोगों के साथ जुड़े हैं, इसलिए उनके बच्चों को मारा गया। किसी के दर्द को कुरेदना शायद यही होता है। उनके दबे दुख व सूख चुके आंसुओं को हर बार विधानसभा चुनावों से पहले सरकारें हवा देना शुरू कर देती हैं। पिछले चुनावों में आतंकवाद प्रभावित हिन्दुओं को 781 करोड़ का पैकेज देने की घोषणा कर वोट बटोरे लेकिन फिर भूल गए। अब चिट्ठियां भेज कर उनसे आतंकवादियों द्वारा मारे लोगों की जानकारी मांगी जा रही है।

उन्हें सरकार से कुछ नहीं चाहिए लेकिन इस बात का मलाल है कि जिस प्रकार आतंकवाद व दिल्ली दंगों से प्रभावित सिखों को मुआवज़े, प्लॉट व सरकारी नौकरियों में आरक्षण दिए गए, उसी तर्ज़ पर हिन्दुओं को भी सांत्वना दे दी जाती। वह अब केवल इतना चाहते हैं कि उनके बच्चों व उनकी तरह आतंकवाद का शिकार हुए हज़ारों हिन्दुओं को सरकार सम्मानजनक श्रद्धांजलि तो दे दे। पंजाब में पहली बार आतंकवादियों की गोलियों का शिकार हुए लोगों को श्रद्धांजलि देने के लिए अमृतसर में दुर्गियाना मंदिर में एक म्यूजियम बनाया गया है, जहाँ इन लोगों की ही नहीं अपितु देश के बंटवारे के समय स्वर्ण मंदिर को बचाने व उस समय अहम भूमिका निभाने वालों की तस्वीरें भी लगी हैं।

अध्याय - 10

28 गोलियों से किया था छलनी

डॉ. कुलदीप कुमार (आयुर्वेद), कार्यस्थल : आयुर्वेदिक डिस्पेंसरी, बुंगा साहिब, गांव घनौली, जिला- रोपड़

27.10.1992 पंजाब में आतंकवाद चरम पर था व उस दिन शाम को करीब 5:30 बजे कुछ आतंकवादी उनके बेटे संजीव कुमार घनौली, जो हिन्दू संगठनो में सक्रिय थे, को मारने आये थे। संजीव कुमार को मिल रही धमकियों के चलते उन्हें राज्य सरकार ने पुलिस सुरक्षा दी थी। उन दिनों दुकानें शाम छह बजे बंद हो जाती थी, अतः वह लोग उससे ठीक पहले आये व बीच-बाज़ार में उनकी दुकान के बाहर

गोलियां चलानी शुरू कर दीं। संजीव, सरकार से मिली स्टेनगन से उनका मुकाबला करते रहे। वह भाग कर घर की छत पर चढ़ गए। उनके भागते ही दुकान पर बैठे उनके पिता को एके 47 से 28 गोलियां मारीं, वे वहीं ढेर हो गए।

जब यह हादसा हुआ तो इनके बेटे संजीव कुमार पढ़ रहे थे। घनौली में अपनी दुकान में बैठे संजीव आज भी वह मंज़र नहीं भूलते। जब गोलियां चल रही थीं तो लोगों ने अपनी दुकानों व घरों के दरवाज़े भी बंद कर लिए थे। आज भी यह याद कर संजीव सिहर उठते हैं कि पिता के जाने के बाद वह दाने-दाने को मोहताज हो गए थे। पिता घर में अकेले कमाने वाले थे। घर में उनका एक और भाई व चार बहनें व माता जी थीं। आस-पड़ोस के लोगों ने इस बुरे वक्त में उनके परिवार का साथ दिया पर साथ में डरते भी थे कि कहीं आतंकवादियों को पता न चल जाये।

संजीव को पिता के जाने का तो दुख है ही लेकिन इससे भी अधिक गुस्सा इस बात का है कि पिता की ग्रेच्युटी आदि लेने के लिए वह एक साल तक सरकारी दफ्तरों के चक्कर काटते रहे। सरकार ने तो एक लाख रुपये का एक्स-ग्रेसिया अनुदान देकर अपना फर्ज़ पूरा कर लिया, लेकिन उनका परिवार किन मुश्किलों से गुज़रा, वह किसी ने नहीं जाना।

संजीव ने बताया कि उनके साथ अनेक ऐसे लोग हैं जो रेड-कार्ड के लिए आज तक भटक रहे हैं। पंजाब सरकार की आवासीय योजनाओं में आतंकवाद प्रभावित परिवारों के लिए विशेष कोटा रखा जाता है लेकिन उसके लिए रेड-कार्ड होना चाहिए जो अधिकांश हिन्दू परिवारों के पास नहीं है।

इस मुलाकात के दौरान उन्होंने वह सब खत भी दिखाये जो आतंकवाद के दौरान उन्हें धमकियां देने के लिए भेजे जाते थे। उन्हें आज भी विदेशों से फोन पर धमकियां मिलती हैं। वे कहते हैं कि हमारे संतों को आतंकवादी कहना बंद करो, नहीं तो गोली से उड़ा देंगे। गत सप्ताह भी कनाडा से आये ऐसे ही एक धमकी भरे फोन की उन्होंने पुलिस में रपट दर्ज कराई है।

आतंकवाद पीड़ित होने की सरकारी घोषणाओं पर विश्वास कर, वह दो दशकों तक सरकारी नौकरी के लिए भटकते रहे लेकिन हर जगह जवाब मिला कि यह सुविधा तो उन लोगों के लिए है, जिन्हें रेड-कार्ड मिले हैं। उनके भाई को सरकारी नौकरी तो मिली पर किसी कोटे से नहीं। पिता के जाने के बाद उन्होंने न केवल अपने परिवार को खड़ा किया, बल्कि अपनी बहनों की शादियां भी की। आज जीवन तो

सामान्य है लेकिन वह घटना वह कभी नहीं भूल सकते। हमसे बात करते हुए उनके आंसू छलक गए और बोले, तीस वर्षों में आप पहले हो, जो हमारा हाल जानने आये।

संजीव घनौली आज भी वह खौफनाक मंज़र नहीं भूले जब बाज़ार में 28गोलियों से भुना था उनके पिता को

पिछले दिनों केन्द्र सरकार के सात वर्ष पूरे होने पर वे लड्डू बांटना चाहते थे तो पुलिस पकड़ कर ले गई। उन्होंने यही सवाल खड़ा किया कि सीमाओं पर बैठे किसानों को तो कोई नहीं उठाते लेकिन वे लड्डू भी बांटते हैं तो देश के लिए खतरा हो जाता है। पंजाब सरकार ने हिन्दुओं की धार्मिक भावनाओं से खेला व गाय-कर लगा दिया। इसके बावजूद राज्यभर में गायें सड़कों पर भटक रही हैं। इसकी एवज में एकत्र किया जा रहा करोड़ों रुपया कहाँ जा रहा है, इसका जवाब तो वे सरकार से मांगेंगे।

वे कहते हैं कि पंजाब में हिन्दुओं को इंसाफ तभी मिलेगा जब राज्य में कोई हिन्दू मुख्यमंत्री आयेगा।

अध्याय- 11

तीन दशकों से रिफ्यूजी की ज़िन्दगी जी रहे हैं

अनिल महाजन,
गांव सुलतानपुर, जिला पठानकोट

वर्ष 1992 की वह रात, उन्हें कभी नहीं भूलती- जब पत्नी व दो छोटे-छोटे बच्चों के साथ उन्होंने हिमाचल के जिला कांगड़ा के नूरपुर में एक मंदिर में शरण ली थी। अनिल महाजन आज भी अपने पुराने घर की याद नहीं भूले।

घरों के बाहर रोज़ खाली करने के लगे पर्चों ने उन्हें इस कदर भयभीत किया कि वह अपना करीब 10 लाख का मकान दो लाख में बेचकर वहाँ से निकल लिए।

पंजाब से जब वह निकले तो अपने ही देश में रिफ्यूजी-सी ज़िन्दगी मिली। आज भी उनकी यही हालत है। नूरपुर के मुख्य बाज़ार में पंजाब से पलायन कर आये कई परिवार हैं। अपनी तीन दशकों की मेहनत के बाद आज ये लोग अपने पैरों पर तो खड़े हैं लेकिन सरकारी योजनाओं में इनका कोई स्थान नहीं है।

अनिल व इस बाज़ार के पंजाब से आये करीब 25 दुकानदारों को मलाल है कि यहां वर्ष 1982-83 से हिन्दुओं का आना शुरू हो गया था। इन लोगों को यहाँ रहते तीन-तीन दशक हो चुके हैं लेकिन आज भी अपने नाम पर ज़मीन नहीं खरीद सकते। अपने घर कौढ़ियों के भाव बेचकर या रातोंरात खाली करके अपनी जान बचाकर आये लोग सरकारी चौखटों के चक्कर काट-काट कर थक गए हैं।

अनिल महाजन का कहना था कि वे लोग एक बार हिमाचल के पूर्व मुख्यमंत्री प्रेम कुमार धूमल से मिले थे। उनसे अनुरोध किया था कि अगर वह प्रियंका गांधी के नाम ज़मीन व मकान का पंजीकरण करा सकते हैं तो उन्हें भी अपने नाम पर ज़मीनें खरीदने की अनुमति दी जाये। उन्हें जवाब मिला था, 'अच्छे लोगों को हिमाचल में बसना चाहिए।'

पंजाब से आकर यहाँ भीख मांगकर, दुकानों व ढाबों में बर्तन मांजने तक का काम कर, आज अपने पैरों पर खड़े इन लोगों को दुख है कि इनके जो बच्चे अथवा बच्चों के बच्चे, जो यहाँ पैदा हुए, उन्हें भी प्रदेश में अपने नाम की सम्पत्ति लेने का हक नहीं है। अति विशिष्ट लोगों को तो महलनुमा घर बनाने, फार्म हाउस आदि बनाने के लिए राज्य सरकार तोहफे के रूप में ज़मीनें दे देती हैं लेकिन वे तो पैसे से भी ज़मीन नहीं खरीद सकते। पॉवर ऑफ अटार्नी पर सुविधा तो है पर उसमें सुरक्षा कितनी है।

छोटी-छोटी जगहों पर लोग किराये पर भी मकान कम ही देते हैं। जसूर बाज़ार में ऐसे ही कुछ दुकानदारों ने बताया कि वह पहले तो मंदिरों व सरायों आदि में रहते रहे। लेकिन अब दिन में कामकाज के लिए आते हैं तो रात को पंजाब लौट जाते हैं पर उसमें वे सुरक्षित नहीं हैं। आज भी शाम को पंजाब लौटते हुए वे सब एक साथ

जाते हैं, कोशिश करते हैं कि कोई अकेला न जाये। आखिर कब तक अपने ही देश में इन्हें रिफ्यूजी बन कर रहना होगा? अब तो यह कहते हैं कि इन्हें तो सीएए में ही शामिल कर लो, शायद कुछ भला हो जाये।

अध्याय - 12

दुरदांत आतंकवादी को पकड़ने का इनाम-20 रुपये

सीताराम, गांव देह-राव, जिला-खन्ना

9 मई, 1988 को पंजाब में स्वर्ण मंदिर में हुए ऑप्रेशन ब्लैक थंडर में राज्य पुलिस टीम में रहे अमृतसर के तत्कालीन पुलिस अधीक्षक सीताराम को पंजाब का वह दौर

भूला नहीं है। उस दौर में वह अधिकांश समय अमृतसर जिले के ऐसे गांवों में तैनात रहे जहाँ आतंकवाद चरम सीमा पर था। वर्ष 1993 में अमृतसर के गांव भिंडर में एसएचओ रहते हुए स्वयं आतंकवादियों की गोली के शिकार हुए सीताराम, जो आज 90 वर्ष के हैं, को मारने के लिए स्वर्ण मंदिर से तीन बार पर्ची निकली। उनपर अनेक हमले भी हुए।

इस सबके बावजूद वह डरे नहीं। आज उनके दो बेटे पुलिस (पंजाब व चंडीगढ़) में अपनी सेवायें दे रहे हैं। जब बेटे पर संगरूर में उनकी तैनाती के दौरान हमला हुआ तब परिवार को मोहाली के नया गांव भेज दिया लेकिन स्वयं पंजाब पुलिस की सेवा करते रहे। वह बताते हैं कि पंजाब में माहौल ख़राब होने के संकेत तो वर्ष 1972 से ही मिलने शुरू हो गए थे। इसके बाद इसे राजनीतिक प्रश्रय मिला और वह भड़क गया।

वर्ष 1986 में तरन तारण में तैनाती के दौरान उन्होंने आतंकवादियों द्वारा हिन्दुओं की सम्पत्ति छीनने, उन्हें पंजाब छोड़ने पर विवश होते हुए देखा। कई लोगों की उन्होंने सहायता भी की लेकिन परिस्थितियां ऐसी थीं कि भय के माहौल के कारण बड़े पैमाने पर हिन्दुओं का पलायन शुरू हो गया था। कई हिन्दू पुलिस अधिकारी भी नौकरियां छोड़ कर पंजाब से चले गए। अनेक लोग ऐसे भी थे जो डर कर सिख बन गए। आज भी हँसते हुए वह बताते हैं कि वर्ष 1983 में आतंक का पर्याय बने पप्पू निहंग को रेल से, अमृतसर से सरहिन्द जाते हुए साथियों सहित पकड़ा था। उस समय उन्हें जो इनाम मिला, वह सोच कर, चेहरे पर आज भी मुस्कान आ जाती है। इन्हें 20 रुपये व इनकी टीम के सदस्यों को 5-5 रुपये मिले थे। फिर भी कहते हैं कि वह उनके काम की तारीफ ही थी।

बातचीत के दौरान उन्होंने आतंकवाद के समय पुलिस व आतंकियों की सांठगांठ का भी खुलासा किया। उन्होंने बताया कि पटियाला के गांव दोन कलां का आतंकी अमरीक कोहली वारदात के बाद पुलिस वालों के पास ही छिपता था। उसे बाद में चंडीगढ़ के समीप दड़ुआ गांव में एनकांउटर में मारा गया था।

वर्ष 1988 के ऑप्रेशन ब्लैक थंडर के बारे में उन्होंने बताया कि स्वर्ण मंदिर के बेसमेंट में 84 कमरों में आतंकवादी जमा थे। वह आज भी मानते हैं कि ऑप्रेशन ब्लैक थंडर, ऑप्रेशन ब्लू स्टार से बेहतर रहा क्योंकि उसमें कोई भी मरा नहीं, न कोई नुकसान हुआ। स्वर्ण मंदिर की घेराबंदी के 9 दिन बाद जब सुरक्षा बलों ने भीतर प्रवेश किया तो जो हालात उन्होंने देखे वह बयान नहीं कर सकते।

वह मानते हैं कि पथभ्रष्ट कुछ लोगों की पंजाबी सूबा व खालिस्तान की मांग ने पंजाब को बर्बाद कर दिया। आतंकवाद के दौरान व्यापारी तबका, जिसमें ब्राह्मण व बनिया लोग अधिक थे, को निशाना बनाया गया। इसके चलते पंजाब में व्यापार को तो धक्का लगा, साथ ही उस दौर में उद्योगों का भी बड़े पैमाने पर पलायन हुआ। उससे पंजाब की अर्थव्यवस्था को धक्का लगा जो आज तक सम्भल नहीं पाई। आज भी नये उद्योगपति पंजाब में आने से हिचकिचाते हैं।

हालांकि, अब वह 90 वर्ष के हैं लेकिन किस्से सुनाते हुए पुराने व खुशहाल पंजाब की याद को नहीं भूलते। गुरुओं की वाणी में पंजाब का हल तलाशने वाले सेवानिवृत्त पुलिस अधिकारी मानते हैं कि आज भी अगर सही रूप से नौजवानों को गुरुओं की वाणी पढ़ाई जाये तो आतंकवाद जैसी समस्या पैदा ही न हो।

हिमाचल प्रदेश के कांगड़ा जिला के नूरपुर में पंजाब से पलायन कर आये हिन्दुओं द्वारा स्थापित खोखा मार्किट (बाज़ार), इसे कहते ही पंजाबी बाज़ार हैं। विडम्बना यह है कि इन लोगों को यहाँ बैठे तीन-तीन दशक हो गए पर आज तक अपने नाम पर एक टुकड़ा ज़मीन अथवा दुकान रजिस्टर नहीं करा सकते। इतने समय में तो कोई भी देश नागरिकता दे देता है।

हिमाचल के नूरपुर में पंजाब से पलायन कर आये हिन्दुओं की मार्केट,
जिसे पंजाबी मार्किट कहा जाता है।

अध्याय-13

कादियां से आकर भीख तक मांगी

सतपाल शर्मा,

गांव कादियां, जिला गुरदासपुर

पंजाब से सेवानिवृत्त पोस्टमास्टर, सतपाल शर्मा, वर्ष 1982 में आतंकवाद की आहट सुनते ही परिवार सहित नूरपुर चले आये। यहाँ वे भी एक मंदिर में रहे। नूरपुर (हिमाचल प्रदेश) में उक्त मार्किट में दुकान चला रहे उनके बेटे संदीप को अपना बचपन आज भी याद है। कादियां में वह सिखों के बच्चों के साथ ही पले-बड़े पर जब माहौल बिगड़ने लगा तो अपना आठ कमरों का मकान मात्र 60,000 रुपये में बेच कर यहाँ चले आये।

यहाँ भी राज्य सरकार की नीतियों के चलते आज तक अपना स्थाई निवास नहीं बना पाये। अब उन्हें उम्मीद है कि जिस प्रकार जम्मू-कश्मीर में अनुच्छेद 370 को हटाकर वहाँ अन्य राज्य के लोगों को ज़मीनें खरीदने का हक दिया है वैसे ही हिमाचल में भी ऐसी कोई नीति बनाई जायेगी, जिसके तहत पंजाब से पलायन कर आये हिन्दुओं को कुछ राहत मिलेगी।

उन्होंने बताया कि जिस रात वह कादियां से निकले, उससे पहले यह खबरें आ रही थीं कि उनके मोहल्ले में रह रहे हिन्दुओं पर हमला हो सकता है। पंजाब में पहले से ही बसों से उतार-उतार कर हिन्दुओं के बच्चों को मारे जाने की सूचनाओं से वह भयभीत थे। उन लोगों ने तो अपने त्योहार भी मनाने बंद कर दिए थे। एक बार बाद में अपने गांव गए भी थे, पूरा माहौल ही बदल गया है। वहाँ तो अब उन्हें कोई पहचानता भी नहीं। जहाँ मेहनत से पहचान बनाई, वहाँ उन्हें बाहरी कहा जा रहा है।

उस आतंक के दौरान हज़ारों परिवारों ने हिमाचल में शरण ली थी। नूरपुर के अतिरिक्त राजा-का-तालाब, शाहपुर, रैण, ज्वाली आदि के अतिरिक्त मंडी, कुल्लू, मनाली आदि में भी पंजाब से पलायन कर आये हिन्दू बसे हैं। इन्हें तो अपने ही देश में रिफ्यूजी कहकर संबोधित किया जाता है। इनके अनुभवों से सवाल यह भी खड़ा होता है कि क्या वही आतंकवाद पीड़ित हैं, जिनके घर के सदस्यों को मारा गया या फिर जो जान बचाकर पंजाब से पलायन कर दूसरे राज्यों में जा बसे, वह भी पीड़ितों की श्रेणी में आते हैं? यह सवाल वह कई राजनेताओं से पूछ चुके हैं, पर आज तक जवाब नहीं मिला।

संदीप का कहना है कि तीन दशकों तक तो कोई पूछने नहीं आया लेकिन जब चुनाव होते हैं तो वोट मांगने सब आते हैं। उसके बाद फिर उन्हें बाहरी मान कर अलग-थलग कर दिया जाता है। उन्हें दुख है कि किसानों को तो सरकार हर वर्ष छह-छह हज़ार रुपये दे रही है लेकिन वे लोग, जो आतंकवाद से पीड़ित हैं, उन्हें आज तक कोई पूछने नहीं आया। उनके लिए कोई योजना नहीं बनी, न ही पंजाब वापस लौटने का इनका मार्ग प्रशस्त किया गया। इनका कहना है कि अगर दिल्ली विकास प्राधिकरण पंजाब से पलायन कर आये लोगों के लिए आवासीय योजना बना सकता है तो हिमाचल या अन्य राज्य क्यों नहीं? आज वह जहाँ भी खड़े हैं, केवल अपनी मेहनत से हैं। पंजाब छोड़ने के बाद भीख मांगकर, दुकानों में, लोगों के घरों में सफाइयां कर, फैक्टरियों में दिन-रात काम कर आज वे अपने परिवार के लिए दो जून की रोटी कमा रहे हैं लेकिन सरकारी उपेक्षा के चलते अपना ठिकाना नहीं बना सकते।

अध्याय- 14

सैकड़ों एनकाउंटरों का हिस्सा फिर भी परिवार को भेजा करनाल

रमेश कुमार शर्मा,
गांव वरनाला, जिला तरन तारन

आतंकवाद के दौरान पुलिस के सैकड़ों एनकाउंटरों में शामिल रहे रमेश कुमार शर्मा के घर पर जब आतंकवादियों का हमला हुआ तो उन्होंने अपने परिवार को हरियाणा में करनाल भेज दिया।

एएसआई रहते हुए आतंकवादियों के एनकाउंटर करने वाली टीमों का हिस्सा रहे रमेश कुमार शर्मा सेवानिवृत्ति के बाद किसी पारितोषिक के तो हकदार नहीं बने लेकिन एक महिला की शिकायत पर आज भी सुप्रीम कोर्ट के चक्कर काट रहे हैं। यह मामला 1986 का है। थाना रत्तो के एक गांव में सुबह-सुबह किसी अन्य पुलिस पार्टी ने एक घर पर रेड किया। इस घर में रह रही एक महिला ने वहाँ के थाने के विरुद्ध उससे बदसलूकी करने का मामला दायर किया। वे आज तक किसी और की गलती का खमियाज़ा भुगत रहे हैं। उन्हें छह माह जेल में भी काटनी पड़ी। आज भी उनकी अपील सुप्रीम कोर्ट में लम्बित है। विडम्बना यह है कि पंजाब में ऐसे अनेक दबंग पुलिस अधिकारी हैं जिन्होंने जान पर खेल कर आतंकवादियों से लोहा लिया पर जब अदालत में मामले भुगतने की बारी आई तो सबने हाथ खींच लिया। इन्होंने भी पंजाब पुलिस से मदद मांगी थी पर जवाब मिला कि केवल सीबीआई में दायर मामलों में सहायता की जाती है। उन्हें दुख है कि जसवंत करड़ा जैसे मामलों में फंसाये गए पुलिस वाले जेलों में तो हैं लेकिन उन्हें पूरी तनख्वाह मिल रही है क्योंकि मामला सीबीआई के पास है। इनमें तीन नाभा जेल में, एक अमृतसर जेल में हैं।

पंजाब में ऐसे तीन सौ से अधिक पुलिस कर्मचारी व अधिकारी हैं, जिन्होंने डट कर आतंकवाद का मुकाबला किया लेकिन राज्य में चुनी गई सरकारों ने उन्हें अदालतों में उलझा कर, निलम्बित, बर्खास्त या फिर डीमोट किया है। रमेश कुमार शर्मा को भी इंस्पेक्टर बनाने की बजाय हवलदार बना कर सेवानिवृत्त कर दिया। आज वह बीमार हैं फिर भी अदालत की तारीख़ें भुगत रहे हैं। उन्होंने बताया कि किस प्रकार उन्हें मारने के लिए फिल्लौर थाने में बम रखा गया था। इसमें दो थानेदार मारे गए लेकिन वह किसी तरह बच गए। अपने गांव के एक लड़के के माध्यम से वह जरनैल सिंह भिंडरांवाले को भी क़रीब से देख पाये। वह मानते हैं कि वर्ष 1984 में भिंडरांवाले की मौत के बाद पंजाब में उभरे विभिन्न आतंकवादी संगठनों ने हिन्दुओं के विरुद्ध हिंसक अभियान चलाया। उनका विश्वास है कि भिंडरांवाले ने इसकी कभी अनुमति नहीं दी, न ही वह किसी को मारने की पर्ची निकालता था। भिंडरांवाले के गिरोह में हिंसा तब शुरू हुई जब उसके अंगरक्षक ही आपस में उलझे। उसके दो विश्वास पात्रों— सुरिन्दर शिन्दा व सतिन्दर सोढ़ी में शिन्दे की पत्नी को लेकर झगड़ा हुआ। उसने सोढ़ी को मार डाला तो भिंडरांवाले के एक अन्य

समर्थक ने शिन्दे को मार डाला। यहाँ से ही उन दोनों के करीबियों में विवाद शुरू हो गया। भिंडरांवाले की मौत के बाद यह और अधिक हिंसक हो गया। वह बताते हैं कि परमजीत पंजवड़, गुरुबचन सिंह मनोचाहल, महल सिंह बब्बर आदि जैसे आतंकवादियों का नाम भिंडरांवाले की मौत के बाद ही सुर्खियों में आया। इनके संगठनों ने आतंकवाद, विशेषकर हिन्दू विरोधी अभियान को तेज़ किया। वह तो यह भी समझते हैं कि तत्कालीन सिख नेताओं ने मनोचाहल को राज्य का मुख्यमंत्री बनाने के लिए पाकिस्तान से वापस बुलाया। जब यह आशंका हुई कि वह भी भिंडरांवाला बन सकता है तो वह भी अचानक मरा पाया गया। इस संबंध में दर्ज रिकार्ड के अनुसार उसने साइनाइड खाया था।

रमेश कुमार शर्मा का कहना है कि उन्हें मारने के लिए आतंकवादियों ने उनके घर की सेंध लगाई व दीवार फांद कर भीतर भी प्रवेश करने का प्रयास किया। उन्हें इस हमले की जानकारी पहले ही मिल चुकी थी, अतः सुरक्षा की व्यवस्था कर ली। इसके तुरन्त बाद उनका परिवार करनाल चला गया। रमेश कुमार को वह दिन याद है जब ट्रक में सामान भरकर वह करनाल में किराये का घर ढूंढ़ रहे थे। अपने बड़े से घर को छोड़कर उनके परिवार को करनाल के किराये के छोटे से मकान में रहना पड़ा। पिता व भाई ने कई काम शुरू किए लेकिन सफलता नहीं मिली, फिर कुछ वर्षों बाद अम्बाला चले आये। उनके पिता को उम्मीद थी कि पंजाब में हालात ठीक होने के बाद वह घर लौट जायेंगे। आज वह 90 वर्ष के हैं, सब साथ में ही रहते हैं। वह मानते हैं कि पंजाब में हिन्दू लोगों के साथ ही नहीं अपितु हिन्दू पुलिस कर्मचारियों, अधिकारियों को भी न्याय नहीं मिला। उनके साथ काम करने वाले अधिकांश पुलिस कर्मी और गांव में उनके दोस्त उस दौरान मारे गए। कैरों में वर्ष 1987 में इन पर भी घात लगाकर हमला किया गया पर यह तो बच गए पर इनका साथी मारा गया। गुरदासपुर के तिबड़ी गांव में एक दर्जन से अधिक हिन्दुओं को मारकर पाकिस्तान फ़रार होने वाले हरिन्दर सिंह को उन्होंने तब पकड़ा था जब वह भारत लौटकर एक सेवादार की तरह उत्तम सिंह गुरुद्वारे में छिपा था। रेड के दौरान एक सीआरपीएफ अधिकारी की राइफल छीनने के प्रयास के दौरान वह मारा गया।

जब परिवार ने गांव छोड़ा तो उनके साथ कई अन्य परिवारों ने भी गांव छोड़ा था। उस दौरान अधिकतर लोग गांवों से शहरों में आ गए थे। उनका कहना है कि जो लोग दिल्ली के रिफ्यूजी कैम्प में गए, उन्हें कुछ मासिक भत्ता मिलता था लेकिन पंजाब से पलायन कर रहे हिन्दुओं को इसकी जानकारी ही नहीं थी। इसकी

जानकारी अगर हिन्दुओं को होती तो वह जगह-जगह ट्रकों में सामान रखकर मकान ढूंढ़ने के लिए इधर-उधर भटकते नहीं, सड़कों पर भीख नहीं मांगते।

अब तो उन्हें अपने गांव गए भी वर्षों हो गए पर यादें तो ताज़ा हैं। कहानियां तो उनके पास बहुत हैं लेकिन पंजाब के हिन्दुओं की कहानियां कोई नहीं सुनता।

अध्याय-15

कुछ घटनाओं की तारीख का विवरण

माना जाता है कि जालंधर में पंजाब केसरी के सम्पादक लाला जगत नारायण की 10 सितम्बर को दिन-दहाड़े की गई हत्या से ही संकेत मिल गए थे कि पंजाब में हिन्दुओं के लिए खतरा बढ़ रहा है।

वर्ष 1983

अक्तूबर	ढिलवां - 6 हिन्दू बस यात्रियों की हत्या
21 अक्तूबर	गोबिंदगढ़ - नरसंहार में हिन्दू रेल यात्रियों की हत्या

वर्ष 1984

12 सितंबर	बटाला - 8 हिंदू बस यात्रियों की हत्या
22 जून	आयरिश समुद्र एयर इंडिया बोइंग 747 बम विस्फोट, सभी 329 यात्री मारे गए

वर्ष 1986

फरवरी	नकोदर - 15 गोलीबारी में मारे गए व अनेक घायल हुए

6 मार्च	कपूरथला - अंधाधुंध गोलीबारी में कई निर्दोष हिंदू मारे गए
28 मार्च	लुधियाना - 13 देसी ग्राउंड में गोलीबारी में 13 हिंदू मारे गए
29 मार्च	मालियान (जालंधर) - 20 निर्दोष हिंदू मजदूर मारे गए
25 जुलाई	मुक्तसर - 15 हिंदू बस यात्रियों को गोलियों से भुना गया
31 अक्तूबर	लुधियाना - दोआबा रोड पर 8 हिंदू मजदूरों को गोलियों से भुना गया
30 नवम्बर	खुड्डा - 24 हिंदू बस यात्रियों को मारा गया

वर्ष 1987

जुलाई	लालडू - तीन हरियाणा रोडवेज़ की बसों में सवार 80 हिंदू बस यात्रियों को फतेहाबाद में मारा गया
6 अगस्त	जगदेव कलां (मजीठा) - 13 हिंदू मारे गए
28 सितम्बर	अलावलपुर (जालंधर) - गीता भवन के पास 5 हिंदुओं को मारा गया व गोलीबारी में 8 घायल हुए
20 अक्तूबर	दीवाली के दिन 12 हिन्दू पंजाब में विभिन्न स्थानों पर मारे गए

वर्ष 1988

15 जनवरी	बटाला के गांव डाडियाल नाहरान - 2 महिलाओं और 3 बच्चों सहित हिंदू परिवार के 8 सदस्य मारे गए
19 फरवरी	गुरदासपुर, होशियारपुर और पटियाला - बब्बर खालसा द्वारा बम विस्फोट किया गया, जिसमें 12 मारे गए, 50 से अधिक घायल
2 मार्च	भाईयां (वेरोवाल) - हिंदू परिवार के 8 सदस्य मारे गए
3 मार्च	खारी सहरी (होशियारपुर) - एक उत्सव में अंधाधुंध गोलीबारी में 35 हिंदू मारे गए, 50 घायल
31 मार्च	अमृतसर के पट्टी (हरिके) - पुलिस स्टेशन के तहत गांव राजभ में राजपूत परिवार के 13 सदस्य मारे गए

2 अप्रैल	रामगढ़ घरंडा के गांव रामगढ़ - अनेक हिंदू मारे गए, अमृतसर में 18 हिंदू मारे गए
15 मई	समाना, पटियाला, जालंधर और मुकेरियां - अलग-अलग घटनाओं में 40 हिंदू मारे गए, 100 अन्य घायल हुए
16 मई	अमृतसर, लुधियाना, जालंडी और गुरदासपुर - 26 हिंदू मारे गए (एक परिवार के 3 सदस्य, 3 बस यात्री और 20 अन्य)
17 मई	खरड़- 35 हिंदू मजदूर मारे गए
24 मई	धालीवाल (नकोदर) - एक हिंदू परिवार के 6 सदस्यों का नरसंहार
19 जून	कुरुक्षेत्र - एक टीवी की दुकान में बम विस्फट में 15 हिन्दू तब टुकड़े-टुकड़े हो गए जब वह टीवी सीरियल रामायण देख रहे थे
25 जून	मोगा - नेहरू पार्क में अंधाधुंध गोलीबारी में 26 आरएसएस कार्यकर्ताओं की हत्या, 31 घायल
7 सितम्बर	अमृतसर जिले में खेमकरण के पास रूराअसाल रेलवे स्टेशन - 15 हिंदू रेल यात्री मारे गए, 25 घायल हुए
1 नवम्बर	पठानकोट - जम्मू जाने वाली बस में बम विस्फोट में कई हिंदू मारे गए या घायल
2 नवम्बर	मजात एसवाईएल नहर - काम करने वाले 32 हिंदू मजदूरों की हत्या
3 नवम्बर	सूफ़ियांवाला - 11 बीटीएफके गिरोह द्वारा डेरा बाबा नानक जा रही बस से उतार कर 11 हिन्दुओं को मारा गया
4 नवम्बर	लोधुवाल (लुधियाना) - 19 हिंदू मजदूरों की खेत में गोली मारकर हत्या
नवम्बर	बटाला के चाकरी बाज़ार - बम विस्फोट में 25 हिंदू मारे गए, सरहिंद बाज़ार में अंधाधुंध गोलीबारी में कई लोग मारे गए
नवम्बर	पठानकोट - एक टेम्पो के पास बम धमाका, अनेक यात्रियों की मौत हो गई, जिसमें एक महिला भी शामिल थी

22 नवम्बर	कैथल (हरियाणा) - 25 हिंदुओ की मौत, 37 अन्य घायल, बटाला (पंजाब) में धार्मिक स्थल पर फायरिंग में 22 हिन्दू मारे गए
1 दिसम्बर	माखू - 7 हिंदू यात्रियों को एक चंडीगढ़ की बस से अगवा कर लिया गया और मार डाला गया
7 दिसम्बर	गुजरां ज़ीरो माछू रोड - अंधाधुंध गोलीबारी में एक विवाह पार्टी के 5 सदस्य मारे गए

वर्ष 1989

21 मई	चक्क कानिया - सीपीआई (एम) के नेता कॉमरेड दलीप सिंह सहित एक परिवार के 7 सदस्यों का नरसंहार किया
21 मई	बैगा कलां - एक हिंदू परिवार के 4 सदस्य मारे गए
27 अगस्त	कबरवाला रेलवे स्टेशन (अबोहर) - 50 मिनट तक अंधाधुंध गोलीबारी में दर्जनों लोग मारे गए
5 अक्तूबर	कंधवाला (फाजिल्का) - एक हिंदू परिवार के 5 सदस्यों की गोली मारकर हत्या
नवंबर	पटियाला में थापर इंजीनियरिंग कॉलेज - दूसरे राज्यों से युवा महोत्सव में भाग लेने आए 19 हिंदू छात्रों की हत्या की गई

वर्ष 1990

19 जनवरी	बाह्मणवाल (मजीठा) - 6 हिंदुओं की हत्या
7 मार्च	अबोहर - भीड़ पर गोलीबारी कर 32 हिंदुओं की हत्या
19 मार्च	तलवंडी भाई - 14 हिंदुओं की गोली मारकर हत्या
19 मार्च	चंडीगढ़ - एक बम विस्फोट में 6 हिंदू मारे गए, 27 घायल, बम विस्फोट में नवांशहर में 11 हिंदू मारे गए
3 अप्रैल	बटाला में बम विस्फोट में 36 हिंदू मारे गए
19 अप्रैल	पठानकोट में एक बस में बम विस्फोट में 15 हिंदू यात्रियों की मौत, 40 घायल
28 मई	फिरोजपुर - 13 बिहारी हिंदू मजदूरों की गोली मारकर हत्या

30 मई	तलवंडी भाई - 10 हिंदू मारे गए
4 जून	पटियाला - बम विस्फोट में 6 बच्चों सहित 8 की मौत, 30 घायल
15 जुलाई	ममदोट पुलिस स्टेशन के तहत एक गांव में हिंदू परिवार के 8 सदस्यों की गोली मारकर हत्या कर दी गई
30 जुलाई	बीदर (कर्नाटक) - एक सिनेमा हॉल में बम विस्फोट में 35 हिंदू मारे गए, 30 घायल
8 अगस्त	लुधियाना - गोलीबारी में 8 हिंदुओं की हत्या
5 नवंबर	बटाला - जालंधर बस में 9 हिंदू यात्रियों की गोली मारकर हत्या
9 नवंबर	बटाला - पठानकोट राजमार्ग पर वाहनों से आपस में टकराने के बाद 5 हिंदू की गोली मारकर हत्या

वर्ष 1991

17 जून	लुधियाना जिले में दो ट्रेनों में 126 यात्रियों को मार डाला
15 जून	लुधियाना जिला में 80 यात्री मारे गए

वर्ष 1992

15 मार्च	लुधियाना - 18 लोग सिख आतंकवादियों द्वारा मारे गए
10 अगस्त	बरनाला - 31 लोग सिख आतंकवादियों द्वारा मारे गए

वर्ष 1993

6 जनवरी	छिछोरेवाल (गुरदासपुर) - 11 आतंकवादियों का सामना किया
11 सितंबर	चंडीगढ़ बम विस्फोट में 12 लोग मारे गए जो युवा कांग्रेस (आई) पंजाब के नेता मनिंदर बिट्टा पर हत्या का प्रयास था

वर्ष 1994

25 फरवरी	पंजाब पुलिस द्वारा खालिस्तान लिबरेशन फोर्स के नेता नवनीत सिंह खडियान का सामना किया गया

वर्ष 1995

31 अगस्त — चंडीगढ़ - पंजाब के तत्कालीन मुख्यमंत्री बेअंत सिंह के साथ 17 अन्य लोग मारे गए

6 सितंबर — झाबेल (अमृतसर) - मानवाधिकार कार्यकर्ता जसवंत सिंह खालड़ा का घर से अपहरण कर हत्या कर दी

वर्ष 2005

22 मई — दिल्ली - फिल्म 'जो जो बोले सो निहाल 'का विरोध कर रहे सिख संगठनों द्वारा लिबर्टी व सत्यम सिनेमा हॉलों में किए गए बम विस्फोट में 3 लोगों की मौत हो गई और दर्जनों घायल हो गए

वर्ष 2006 — खालिस्तान जिंदाबाद फोर्स ने जालंधर में अंतर-राज्यीय बस टर्मिनल पर बम धमाका किया, तीन लोग मारे गए, अनेक घायल

वर्ष 2007

14 अक्तूबर — लुधियाना - शिंगार सिनेमा हॉल में एक बम विस्फोट में छह लोग मारे गए और 32 घायल हो गए

वर्ष 2008 खालिस्तान लिबरेशन फोर्स ने डेरा सच्चा सौदा के प्रमुख पर हमला किया।

वर्ष 2009

खालिस्तान लिबरेशन फोर्स द्वारा आरएसएस के पंजाब अध्यक्ष रूलदा सिंह की हत्या कर दी।

खालिस्तान लिबरेशन फोर्स द्वारा लुधियाना में डेरा सच्चा सौदा, श्रीसा मैनेजर लिली कुमार की हत्या

वर्ष 2015

28 जुलाई - सेना की वर्दी में तीन आतंकियों ने पंजाब के सीमावर्ती इलाके में हमला किया। पहले चंडीगढ़ जा रही बस पर गोलीबारी कर चार लोगों को घायल किया और उसके बाद कार छीनकर दीनानगर थाने में जा कर एसपी (खुफिया) बलजीत सिंह समेत सात लोगों को मारा, इनमें तीन नागरिक थे

पठानकोट व दीनानगर के बीच परमानंद स्टेशन के पास रेलवे ट्रैक पर पांच बम भी मिले

वर्ष 2016

पंजाब में शिवसेना, राष्ट्रीय स्वयंसेवक संघ और भाजपा के हिंदू नेताओं पर कई हमले हुए। इन संगठनों के कई नेता मारे गए पठानकोट एयरबेस पर हमला

वर्ष 2017

पंजाब में हुए विधानसभा चुनाव के दौरान बठिंडा ज़िले के क़स्बा मोड़ में बम धमाके में पांच लोगों की मौत

वर्ष 2018

अमृतसर से क़रीब दस किलोमीटर दूर एक गांव में स्थित निरंकारी भवन पर हमला, तीन लोग मारे गए, 19 घायल हुए

एक ओर, जहाँ विश्व हिन्दू परिषद का मानना है कि आतंकवाद के दौरान पंजाब में करीब 33 हज़ार हिन्दुओं को मारा गया, वहीं हाल ही में शिव सेना हिंदुस्तान के राष्ट्रीय अध्यक्ष पवन गुप्ता ने दावा किया कि आतंकवाद के दौर में पंजाब में करीब 35 हजार हिन्दू मारे गए थे और कितने ही परिवार पंजाब से पलायन करके दूसरे राज्यों में चले गए थे। शिव सेना हिन्दुस्तान की तरफ से इन परिवारों को वापस पंजाब में लाने और शहीद हुए हिन्दुओं के परिवारों को मुआवजा दिलाने के लिए कड़ा संघर्ष किया था। इसी के परिणामस्वरूप 2006 में कांग्रेस सरकार के तत्कालीन मुख्यमंत्री ने कैबिनेट में ऐलान किया था कि आतंकवाद के समय मारे गए हिन्दुओं के परिवारों को सरकार की तरफ से 781 करोड़ रुपये का पैकेज दिया जाएगा। मगर, वर्ष 2007 में पंजाब में अकाली-भाजपा की सरकार आने पर उक्त राशि पर रोक लगा दी। पंजाब में फिर से कांग्रेस सरकार के कार्यकाल को एक वर्ष का भी समय नहीं रह गया है परंतु सरकार ने उक्त राशि को जारी करने के लिए कोई भी पहल नहीं की है।

अध्याय-16

कुछ तस्वीरें आतंकवादियों के हाथों मारे गए शहदों की

SH. JEEVAN PARKASH ARORA
SH. DURGA DAS
SH. PRITAM CHAND SHARMA
SH. SUKHCHAIN SINGH
SH. BALWINDER SINGH
SH. NEEL KUMAR
SH. RAMESH KUMAR

SH. AKSHAY KUMAR
श्री अक्षय कुमार

SH. BHAGWAN DAS
श्री भगवान दास

SH. MUNISH CHAUHAN
श्री मुनीश चौहान

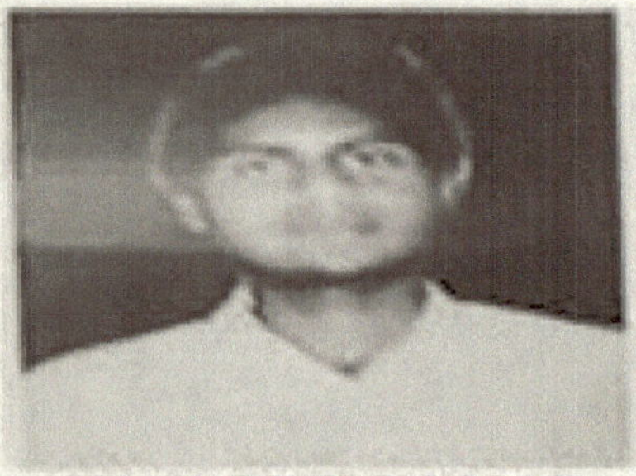

SH. SATISH KUMAR
श्री सतीश कुमार

SH. KESHAV RAM
श्री केशव राम

SH. OM PARKASH
श्री ओम प्रकाश

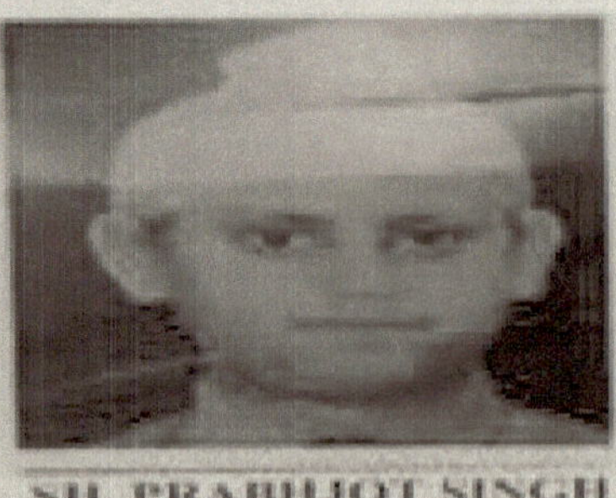

SH. PRABHJOT SINGH

SH. NEERAJ

25 जून 1989 मोगा गोली कांड
SH. JAGTAR SINGH
SH. OM PARKASH
SMT. SHINDER KAUR
DIMPLE
SH. BABU RAM
SH. JAGDISH RAI BHAGA
SH. MADAN MOHAN
SH. BALWANT SINGH

SH CHUNNI LAL
FATEHGARH CHURIA
SH. BAL KRISHAN
TARN TARAN
SH. SATPAL
GURDASPUR
SH SURINDER KUMAR
AMRITSAR
SH. BACHAN LAL
BATALA
SH. HANS RAJ
BATALA
SH. JANAK RAJ
BATALA
SH. PIYARA LAL
BATALA

SH. JEEVAN PARKASH ARORA
SH. KEWAL KRISHAN BHATIA
SH. CHAMAN LAL KOHLI
SH. SARDARI LAL BHATIA
SH. KULWANT SINGH

यह तस्वीरें अमृतसर के दुर्गियाना मंदिर में भाजपा के जिला स्तरीय कार्यालय हरबंस लाल खन्ना स्मारक के आसपास है। स्मारक हिन्दुओं के बड़े नेता व उनके हितों की आवाज़ उठाने वाले पूर्व विधायक हरबंस लाल खन्ना की याद में बनाया गया था। उन्हें भी 1984 में ऑप्रेशन ब्लूस्टार से पहले आतंकवादियों द्वारा मार दिया गया था। खन्ना का चित्र भी गैलरी में लगाया गया है। दुर्गियाना मंदिर एक प्रमुख हिंदू मंदिर है। इसका निर्माण 20वीं शताब्दी में हरसाई मल कपूर द्वारा स्वर्ण मंदिर की तर्ज पर करवाया गया व इसकी आधारशिला देश के एक प्रसिद्ध समाज सुधारक और राजनेता पंडित मदन मोहन मालवीय ने रखी थी। मंदिर के सचिव अरुण खन्ना का कहना है कि उनकी पूरी टीम ने लगभग एक वर्ष में लोगों के घरों में जा-जा कर यह तस्वीरें जमा की हैं।

साभार संदर्भ स्रोत

1. इतिहास के झरोखों से - मथुरा दास हितैषी
2. ऑप्रेशन ब्लू स्टार- मेजर जनरल कुलदीप सिंह बराड़
3. हिस्ट्री आफ सिख्स - खुशवंत सिंह
4. अ न्यू अप्रोच टू -पाकिस्तान-एनफोर्सिंग एंडकंडिशंस विदआउट कटिंग टाईस-10 अमेरिकी विशेषज्ञों की रिपोर्ट
5. घटनाओं का विवरण – मानवाधिकार में दर्ज शिकायतें, सोशल मीडिया
6. ह्यूमन राइट्स वायलेशन इन पंजाब - एमिनेस्टी इंटरनेशनल की रिपोर्ट
7. ट्रेजडी ऑफ पंजाब- ऑप्रेशन ब्लू स्टार - कुलदीप नैयर, खुशवंत सिंह
8. समय-समय पर समाचारपत्रों में छपे लेख, संपादकीय इत्यादि
9. टेरोरिस्म इन पंजाब - सतपाल डांग
10. द पंजाब स्टोरी - केपीएस गिल
11. बुलेट फॉर बुलेट - जूलियो रिबेरियो
12. खालिस्तानी कांस्पायरेसी - जीबीएस सिद्धू (पूर्व आर एण्ड एडब्ल्यू अधिकारी)
13. द ग्रेट इण्डियन डिवाइड - विलियम डायरीपल

14. पार्टिशन ऑफ इण्डिया - विकीपीडिया

15. चेंजिंग होमलैंड्स - नीति नायर
(हिन्दू पॉलिटिक्स एंड दी पार्टिशन ऑफ इण्डिया)

16. राज्य पुनर्गठन आयोग (1956) - विकीपीडिया

17. मैकडोनाल्ड-लॉरियर इंस्टिट्यूट ओटावा - सितंबर, 2020 में प्रकाशित, खालिस्तान: ए प्रोजेक्ट ऑफ पाकिस्तान

18. लैसन्स फ्रॉम हिस्ट्री - हरमिन्दर कौर

19. अन सिविल वॉर्स - वेद मरवाहा पैथोलॉजी ऑफ टेरोरिस्म इन इण्डिया

20. साउथ एशिया टेरोरिस्म पोर्टल

21. माई कंट्री, माई लाइफ - लालकृष्ण अडवानी

22. भारतीय राष्ट्रीय कांग्रेस का एक शताब्दी इतिहास- पांचवां वॉल्यूम

23. एंडगेम इन पंजाब 1988-93 – के.पी.एस. गिल

24. 'कंट्री रिपोर्ट्स ऑन टेरोरिज्म '- अमेरिकी कांग्रेस की रिपोर्ट (2018)

25. पाकिस्तान: ए मॉडर्न हिस्ट्री - इयान टैलबोट

26. खालिस्तान: ए प्रोजेक्ट ऑफ पाकिस्तान - टेरी मिलेवस्की

27. द लिटिगेशन वेपन अगेन्सट द पुलिस एण्ड स्टेट - केपीएस गिल

28. अमृतसर, मिसेज गांधी लास्ट बैटल - सतीश जैकब, मार्क टेली

29. कॉलम--- एमके धर

www.ingramcontent.com/pod-product-compliance
Lightning Source LLC
Chambersburg PA
CBHW061345110826
49612CB00012B/462
9789354723582